# 聽見
# 瓜地馬拉的
# 心跳

玉米、火山與信仰,外交官筆下的
現代馬雅日常與魔幻

吳毓珮
——
著

# CONTENTS

**推薦序一｜艾特維 Luis Raúl Estévez López**
走進我們的土地，也走進我們的心⋯⋯⋯⋯⋯⋯⋯⋯ 011

**推薦序二｜馬雅人**
魔幻瓜地馬拉⋯⋯⋯⋯⋯⋯⋯⋯⋯⋯⋯⋯⋯⋯⋯⋯ 014

**推薦序三｜褚縈瑩**
用一杯咖啡的時間，品嘗瓜地馬拉的底蘊⋯⋯⋯⋯⋯ 016

**推薦序四｜曾文駿**
只要有旅遊的念頭，就是旅行的開始⋯⋯⋯⋯⋯⋯⋯ 019

旅人的話⋯⋯⋯⋯⋯⋯⋯⋯⋯⋯⋯⋯⋯⋯⋯⋯⋯⋯ 021
自序⋯⋯⋯⋯⋯⋯⋯⋯⋯⋯⋯⋯⋯⋯⋯⋯⋯⋯⋯⋯ 022

## CHAPTER 1　現代馬雅

瓜地馬拉懶人包⋯⋯⋯⋯⋯⋯⋯⋯⋯⋯⋯⋯⋯⋯⋯ 026
既貧窮又富裕、既危險又和善的奇妙首都⋯⋯⋯⋯⋯ 030
禮失求諸於野⋯⋯⋯⋯⋯⋯⋯⋯⋯⋯⋯⋯⋯⋯⋯⋯ 035

被迫早起的每一天⋯⋯⋯⋯⋯⋯⋯⋯⋯⋯⋯⋯⋯⋯ 037
週日的市民集體放封⋯⋯⋯⋯⋯⋯⋯⋯⋯⋯⋯⋯ 039
瓜瓜國 Fun Facts⋯⋯⋯⋯⋯⋯⋯⋯⋯⋯⋯⋯⋯⋯ 042

## CHAPTER 2　舌尖上的瓜瓜國

玉米做的人⋯⋯⋯⋯⋯⋯⋯⋯⋯⋯⋯⋯⋯⋯⋯⋯ 048
玉米粽⋯⋯⋯⋯⋯⋯⋯⋯⋯⋯⋯⋯⋯⋯⋯⋯⋯⋯ 051
街頭小吃 Antojitos⋯⋯⋯⋯⋯⋯⋯⋯⋯⋯⋯⋯⋯ 056
卡貝樂炸雞⋯⋯⋯⋯⋯⋯⋯⋯⋯⋯⋯⋯⋯⋯⋯⋯ 061
北鼻岸燉雞⋯⋯⋯⋯⋯⋯⋯⋯⋯⋯⋯⋯⋯⋯⋯⋯ 064
現代馬雅廚房⋯⋯⋯⋯⋯⋯⋯⋯⋯⋯⋯⋯⋯⋯⋯ 068
飄著咖啡香的土地⋯⋯⋯⋯⋯⋯⋯⋯⋯⋯⋯⋯⋯ 074
神明食物：巧克力⋯⋯⋯⋯⋯⋯⋯⋯⋯⋯⋯⋯⋯ 086

## CHAPTER 3　馬雅人的生活美學

織女的故事⋯⋯⋯⋯⋯⋯⋯⋯⋯⋯⋯⋯⋯⋯⋯⋯ 092
緩慢的美⋯⋯⋯⋯⋯⋯⋯⋯⋯⋯⋯⋯⋯⋯⋯⋯⋯ 098
棒打皮涅塔⋯⋯⋯⋯⋯⋯⋯⋯⋯⋯⋯⋯⋯⋯⋯⋯ 102

馬雅蒸氣浴 105
祖督希王國的大戶遺風 108
天降夜市 111
雪谷的黃色小教堂 114

## CHAPTER 4　瓜地馬拉超精彩

好買好逛的中央市場 120
國家文化宮 125
蒂卡爾馬雅金字塔 132
火山的國度 139
最愛的阿蒂德蘭湖 145
塔拉雷斯生態咖啡莊園 153
小王子的吞象蛇 157
迷霧中的國鳥 161
高原上的藍色獨角獸 166

## CHAPTER 5　節　慶

瓜地馬拉年度節慶表 172

復活節的花毯 …………………………… 174
拉比納阿契 ……………………………… 182
埃斯基普拉斯的黑耶穌與飛車族 ……… 186
國慶日的聖火隊 ………………………… 190
可可夜總會 ……………………………… 193
連聖嬰都敢偷 …………………………… 198
聖誕節的兩隻雞：Gallo 與 Pollo Campero …… 200

CHAPTER **6** 　　瓜地馬拉不思議

馬雅新年 ………………………………… 204
奇奇小鎮的兄弟會 ……………………… 209
躲警察的地下神明馬席夢 ……………… 215

CHAPTER **7** 　　神秘馬雅

馬雅文明崩壞？馬雅人憑空消失？ …… 220
馬雅文明與中國古文明 ………………… 224
馬雅農民曆 ……………………………… 230

## CHAPTER 8　在瓜國發現台灣

古都裡的台灣 ································ 234
蒂卡爾金字塔旁的台灣特餐 ············ 241
中華民國小學 ································ 247
巷口雜貨店裡的台灣味 ··················· 251

## CHAPTER 9　近代馬雅的悲歌

一路向北：苦澀又甜蜜的美國夢 ········ 256
瓜墨邊境上的集體農場 ··················· 263
意緒三角 ······································ 268
魔幻寫實 ······································ 275
不再沉默 ······································ 280

EPILOGUE
外交官的毛小孩們 ························· 285

# 附錄

西班牙文發音的第一堂課 ⋯⋯⋯⋯⋯⋯⋯⋯⋯⋯⋯ 298

20個馬雅納瓦爾日符 ⋯⋯⋯⋯⋯⋯⋯⋯⋯⋯⋯⋯ 302

FOREWORD
推薦序

推薦序｜一｜

# 走進我們的土地，
# 也走進我們的心

艾特維 Luis Raúl Estévez López
瓜地馬拉駐台大使

　　身為一個職業外交官，我派駐過許多不同的國家，而我最重要的任務之一，就是讓來自不同國家與文化的人更加認識我的國家瓜地馬拉，並且增進與瓜國的交流與情誼。我參加過無數的外交場合與演說，「增進兩國邦誼」是再常見不過的外交辭令，但是，派駐來台灣短短的時間，就讓我對這句話有不同的體會。許多台灣朋友他們實際走進瓜地馬拉，不只用眼睛看見，用心體會瓜地馬拉這塊美麗的土地，更真心地與瓜地馬拉的人民交朋友，相互支持與照應，讓抽象的「邦誼」成為台灣人常說的「麻吉」。

　　毓珮（Cecilia）的《聽見瓜地馬拉的心跳》不僅是一本關於旅行的書，更是一段文化的旅程。書裡不只是描述風景或美食，更是從一個個的日常片段切入，帶領讀者走進瓜地馬拉的節奏、歷史與價值觀之中。她筆下的瓜地馬拉，是一個樣貌多元卻也深具韌性的地方，是神話與現代並存、火山與咖啡交織

的國度。她不是匆促從一個景點趕往下一個景點的旅客,她用心在瓜地馬拉的土地上生活、觀察、理解,甚至用文字為這一個國家的靈魂留下紀錄。

作者對瓜地馬拉的描寫,讓我這來自那片土地的人,也有機會用一種不同的視角重新審視自己的家園。有時候,一位外來者的目光,能照出我們自己習以為常、卻早已遺忘的珍貴之處。像是書中提到的卡貝樂炸雞可以帶上飛機,對我們來說是理所當然的風景,但她卻讀出了那背後的鄉愁與文化記憶。又或者是市場上的織女、玉米的神話意涵、日常語言中對他人的尊敬與親切等,這些細節都是我們文化深層的一部分,而她沒有錯過,並將其刻印在腦海裡,並用她靈巧細膩的筆觸,讓讀者更加貼近瓜國真實面貌。

我特別欣賞作者的觀察方式。她並不急著評論或定義,而是先用心體會,再用筆記錄下來。這種態度,是一種真正尊重他者文化的表現。她筆下的瓜地馬拉,不只是遙遠的他方、不只是一個地圖上的標示,是真實有溫度的,是五彩繽紛、六感奢馳的魔幻之地,更是台灣生活與情感上相互依存的伙伴。雖然瓜地馬拉距離台灣超過 14,000 公里,卻可以透過理解與共享而彷彿彼此相鄰。

我知道還有些台灣朋友對瓜地馬拉的印象還僅只於「邦交國」的概念而已,我認為這本書正是幫助台灣朋友了解瓜地馬拉的一扇窗,讓更多台灣朋友可以真正認識我們、理解我們,並且向彼此跨出友善的第一步。我更期許台灣讀者可以把這本

## FOREWORD
推薦序

書當作是一面鏡子。透過觀察另一個文化的種種,我們也能重新思考自己熟悉的世界,有些在台灣習以為常的事情,在另一個國度可能有著完全不同的思考與解方。

在這個快速流動的世界裡,慢下來閱讀一本書、閱讀一個國家,是一種珍貴的選擇。感謝作者為瓜地馬拉所做的紀錄與見證,期待更多讀者能藉由這本書真實的日常細節與溫柔的文字,走進我們的土地,也走進我們的心,並期待有一天你的親自造訪。

瓜地馬拉歡迎你!

Guatemala te espera con los brazos abiertos.

推薦序｜二｜
# 魔幻瓜地馬拉

馬雅人
FB 馬雅國駐台辦事處大使

　　如果把古文明的神秘、拉丁人的熱情、自然世界的野性，再加上一點點台灣的人情味，會是怎樣的樣貌呢？毓珮的新書就想透過外交人員的視野，帶著大家在字裡行間神遊瓜地馬拉，這個與我們有著深厚邦誼的森林之國。

　　瓜地馬拉是個充滿神奇魔幻的國度，眾多的馬雅遺址讓我魂牽夢縈，無論書中講到的 Yaxha' 湖畔金字塔、提卡爾的大神廟，或是馬雅人的古代文化與現代日常，透過毓珮生動又親切的文筆，當時遊歷的感動與驚訝的感受，再次回到心中。

　　大多數人對瓜地馬拉的第一印象，可能是貧窮、毒品、治安問題，這些問題如同布幔，蓋著更廣大的瓜地馬拉人的世界。我們應該相信，每個國家都有他們對於人類社會的貢獻，都有他們奮鬥的理想與成果，瓜地馬拉也不例外。而且還讓人意想不到，像是我們每天都遇到的網頁驗證碼、小時候最愛吃的快樂兒童餐、流行全球的丹寧牛仔風，竟然都發源自瓜地馬拉。

## FOREWORD
推薦序

　　毓珮還進一步帶我們揭開布幔，隨著她外交工作的腳步，深入在瓜地馬拉低地與高地的鄉間，從他們餐桌到他們日常生活的快樂與哀愁。1990 年結束的內戰，可說是瓜地馬拉現代的傷痛，在族群、爭取民主、左右翼之間，無數人犧牲他們的性命，為了現代瓜地馬拉爭取了民主自由的今日，Menchú 也因為她對爭取瓜地馬拉人權的貢獻，獲得諾貝爾和平獎。這樣的歷程或許與台灣有點像，瓜地馬拉人也慎重地紀念這段過往。

　　政府軍與游擊隊最終簽下了停戰協議，在國家宮的廣場上樹立一座和平紀念碑。緊握的雙手象徵著走向團結的各個族群，上面的白色玫瑰每日更換，成為一個祈願和平的儀式。2024 年，我有幸目睹書中的和平紀念碑，回頭又讀到書中參與儀式的歷任台灣總統，瓜地馬拉與台灣長久的邦誼，加強了這本書的意義。她紀錄起我們這個小而多山的小島，在那個大而多山的大陸上所做的一切奉獻。雖然台灣與瓜地馬拉之間，隔著浩瀚無垠的太平洋，卻有個千絲萬縷、無法忽視的故事。在書中閱讀一則則故事，不僅滿足自己的好奇心，也讓我們知道實際外交工作與台灣人對世界各個角落的貢獻。

　　很高興如此精彩且輕鬆閱讀的書籍，能夠以台灣人的筆書寫出來，呈現在大眾眼前。讓台灣的讀者就算無法前往瓜地馬拉，也能夠透過書本，領略她的魔幻魅力。

推薦序｜三｜
# 用一杯咖啡的時間，
# 品嘗瓜地馬拉的底蘊

褚縈瑩
國立臺北大學歷史系助理教授

　　在台灣，身為一個拉丁美洲研究者，在學術場合被搭訕時，經常被問：「所以你是怎麼開始想要研究拉丁美洲的？」我心裡有一些模模糊糊的答案，諸如顏色、地景等等；但我知道對於發問者而言，這些答案都不合格。人們期待更合乎常理的答案，好比家族淵源、老師啟蒙、學術重要性或者應用價值等，像我這般難以名狀、對某個遙遠地方的純粹好奇心，實在難以與人共享。但我卻在毓珮的字裡行間看到了，她甚至懷疑，自己上輩子就是馬雅人。

　　初聞毓珮，是在大學時代的社團活動中，她是如神話等級的社團 OB，當時已通過外交特考、雲遊四海；而那時我沒有想過，自己未來會成為一個拉丁美洲研究者。後來，走在拉丁美洲研究的道路上，也曾受到毓珮許多幫助。因此當毓珮告訴我，她想將駐瓜地馬拉時期的見聞出版成書時，我也就義不容辭地接下寫推薦序的任務。

FOREWORD
推薦序

　　閱讀毓珮的《聽見瓜地馬拉的心跳》，是一場愉快的旅程，因為它跟我熟悉的自助旅行遊記或者外交官回憶錄，都大不相同。自助旅行者總是「在路上」，除了分享其他旅行者可能會需要的資訊外，其文字就像一張張快照，留下一些吉光片羽，又往下一站前進。身為讀者的我，時常有種不夠滿足的感覺：「為什麼是這樣呢？我想多知道一些啊！」而近年因為研究主題的關係，我也讀了一些外交官回憶錄，它們則多將焦點放在自身人生經歷，以及外交工作的酸甜苦辣之上。在這兩類寫作當中，我們看到了比較多關於作者，而不是關於該地的細節。

　　毓珮的《聽見瓜地馬拉的心跳》則跳脫這樣的敘事框架，打開書，讀者不會看到那個在辦公桌前鎮守工作崗位、於冠蓋雲集的外交場合穿梭的毓珮；而是聽到早晨瓜京街角通勤族熙攘往來的聲響、聞到市場中炸豬皮（chicharrón）的香味、看到皮涅塔（piñata）被打爆後噴濺四散的亮彩紙花。她在這本書的背後掌鏡，拍攝一部部紀錄片，跟著她的鏡頭，你會逐漸放下對中美洲的刻板印象（治安問題、毒品、貧窮），但也不會對瓜國產生過度浪漫的想像。你走進的，是瓜地馬拉的日常生活與深厚的文化底蘊。

　　雖然毓珮的工作在文中隱而不顯，不過，也正是因為她的身分，使她能寫出比一般旅行者更深厚的認識：瓜京市民幾點在公園跳健身操？菜市場裡的宮廟管理委員如何誕生？市區又有哪些超讚咖啡店值得造訪？像大姊姊一般的毓珮，會以輕鬆活潑的筆調，向讀者娓娓道來。

感謝毓珮為台灣讀者寫下這樣一本書,也誠心邀請,無論是對於中美洲感到陌生或好奇的讀者,給這本書一杯咖啡的時間,細細品嘗。

推薦序｜四｜
# 只要有旅遊的念頭，就是旅行的開始

曾文駿
航向世界旅遊副總經理

　　如果「深度旅遊」在你心中只是微弱的火苗，那麼閱讀完這本書，它必將化為熊熊火焰。

　　我一直熱愛著深度旅遊，旅行不只是地圖上的移動，更是心靈的延伸，我總能從每一次的旅行當中，獲得重新檢視自己的機會，旅遊是件很好玩的事情，端看選擇和方式就可以感受出每一個人的人生態度。對我來說深度旅遊並沒有如此遙不可及，不必等到背著大背包、住進青年旅館才能開始，也不必砸重金才能碰觸文化精髓。真正的深度是用心走進一個地方，感受它的味道、聆聽它的故事、記住它的眼神及笑容。只要有想要出發的心情，在旅途上必會回饋意想不到的驚喜。

　　必須說瓜地馬拉並非旅遊熱搜的常客，但她並非冰冷無趣，而是活生生的市集喧囂、復活節花毯的芬芳、玉米餅拍打的節奏，也有火山口湖面清晨的霧。很慶幸透過外交官的視角，我們得以窺見短暫旅行難以捕捉的細節，那是文化的溫度、情

感的厚度，也是日常裡最真切的喜怒哀樂。人生本身就像是一場旅行，透過各種不同的選擇去不一樣的地方，和不同的人事物組合碰撞出不一樣的故事。在我工作的地方，很多客人都是人生旅途上的「資深玩家」，今年計畫南極、明年目標東非，他們的生活已不再被日常框架住，而是用一次次的遠行去完成年少時期的夢想，能陪伴他們探索世界，是我莫大的榮幸。

若你曾在腦海閃過「人生如此短暫，為什麼不去遠一點的地方看看」，就起身吧！深度旅行非少數人的特權，只要有旅遊的念頭，就是旅行的開始，不論是跟著安排好的行程，或是挑戰自己展開冒險，都能收穫屬於自己的獨特風景。

《聽見瓜地馬拉的心跳》正是這種信念的最佳註腳，好的旅程就該像這本書一樣，用平靜的心觀察、用真誠的心感受、帶著赤子的好奇心了解，然後帶回一段深刻故事、溫暖回憶，以及一顆更渴望認識世界的心。

# 旅人的話

　　如果你是一個大無畏的旅人，夢想著踏上未知的土地，探索這無奇不有的世界，解鎖一個又一個的人類奧秘，瓜地馬拉絕對是你旅遊清單上的首選。

　　她有最美古城、最好喝的咖啡，有馬雅世界101的蒂卡爾金字塔神殿、有媲美大甲媽出巡的扛巨大神轎出巡的復活節、有定時噴出煙圈的活火山、有最美的高山湖泊、有神秘結合天主教及傳統馬雅祖靈信仰，以及一大群活生生、身著五彩錦織的現代馬雅人。

　　瓜地馬拉距離台灣看似遙遠，但其實兩國有著許多奇妙的連結，把我們串在一起，不僅僅因為她是我們邦交國，更因為有許許多多的台灣人跟瓜瓜人彼此關切、相互扶持，近一個世紀以來，千絲萬縷的緣分，把我們緊緊連在一起。

　　如果你還沒下定決心訂機票，那不妨打開這本書，讓我先帶著你展開一場魔幻的奇妙旅程吧。

# 自序

　　不小心進入公務體系成為外交人員之後,不知不覺居然過了 25 年。因為生性喜歡探險、愛交朋友,我常常說做這行就是「賺到一個迌迌(tshit-thô)」。二十幾年來,曾經住過瓜地馬拉、智利、尼加拉瓜、西班牙、英國、比利時等國。因為工作需求,加上自己愛玩,已經走過歐、美、亞、非各洲七十幾個國家。這份工作給了我浪跡天涯的機會,也讓我有深度旅遊的可能,使我得以用既異國又在地的視角,探索這個美妙的大千世界。

　　每一個國家都非常精彩,都在我心裡留下難忘的記憶,而瓜地馬拉,則是一個真正的寶藏。我跟老公 2009 年第一次造訪時瓜國時,11 天的旅程精彩到她立即榮登我最愛的旅遊目的地榜首,2017 年有幸再度派赴當地工作常駐,對我而言簡直是抽中上上籤。

　　駐瓜的那幾年,我逮住每個機會跟當地朋友聊天,走進他

## PREFACE 自 序

們家裡,一起煮飯、參加慶典、學習織布,當然也去各地賞鳥、看馬雅古蹟,還有逛各式各樣的市集,喝大街小巷的咖啡。

有個來找我玩的朋友說,這個國家好神奇,不管發生什麼事,最後都是美好的收尾。我想,那是因為人吧!

瓜瓜人總是親切而善良、總是多為你想,總是感謝上天、感謝身邊的人。我們有時會為他們受到的磨難感到心疼,我們也衷心企盼,上帝會份外眷顧這一群可愛的人們。

謹以這本書獻給所有瓜瓜國的好朋友,以及一路上曾經照顧過我的夥伴們。還有,也要獻給我最好的旅伴兼人生夥伴:

Leon,謝謝你。

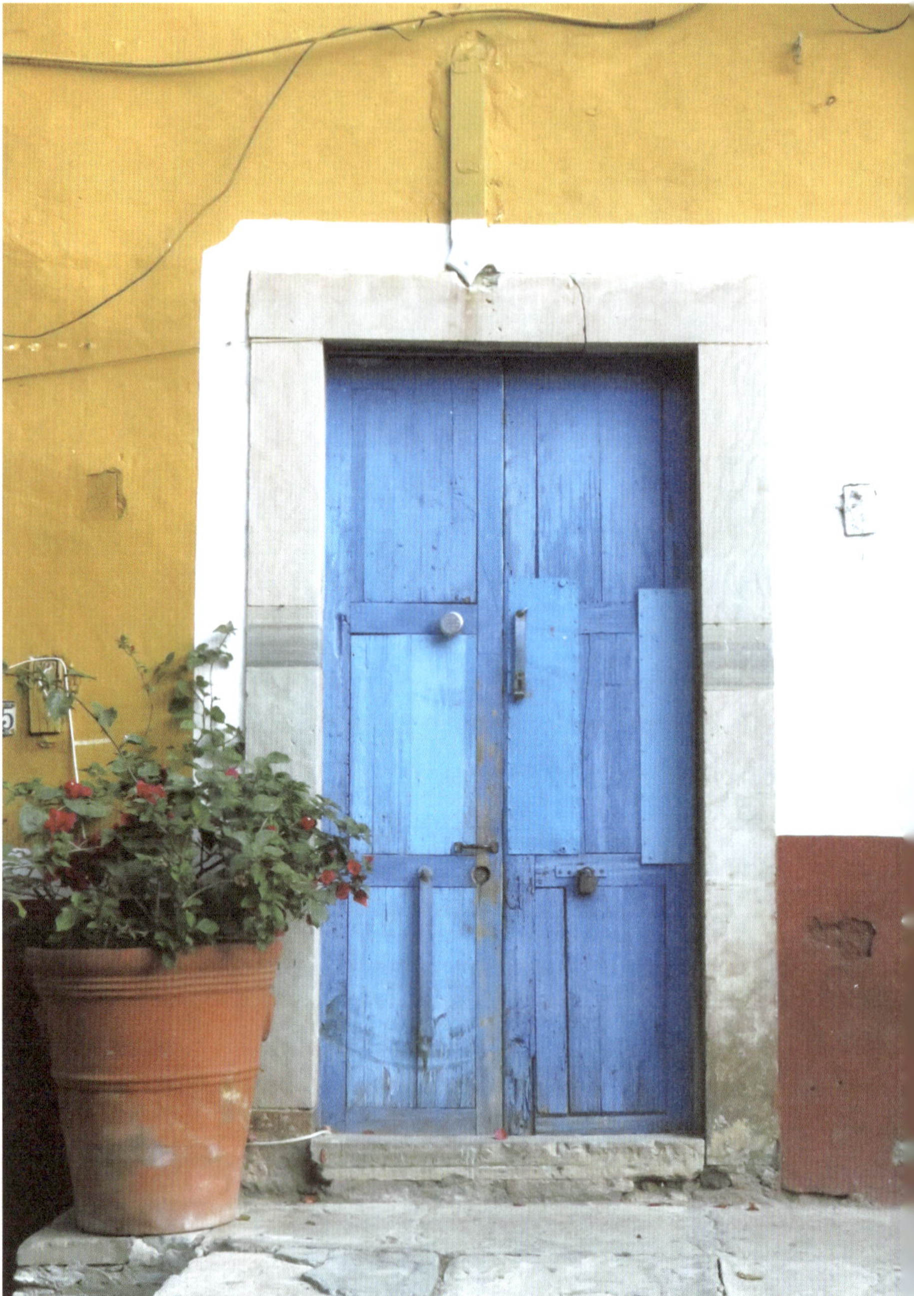

CHAPTER

# 1

## 現代馬雅

# 瓜地馬拉
# 懶人包

瓜地喇嘛？瓜地馬拉？

瓜地馬拉在哪裡啊？是個什麼樣的國家呢？很熱吧？治安很差吧？滿街都是毒梟嗎？它是台灣的邦交國？人民窮嗎？是個小國吧？

搬到瓜國以後，我常常面對身邊親友的疑問，我也總是藉著大家的關心跟難得的興趣，趁機給大家科普一下：

- 瓜地馬拉位在中美洲，在墨西哥南邊，而墨西哥則是緊鄰著美國南邊，所以從瓜地馬拉坐飛機到美國的邁阿密直飛不用 3 個小時就到了，到洛杉磯也只需 4.5 小時。
- 瓜地馬拉國土面積 10.8 萬平方公里，大約是台灣的三倍大，雖然跟美國、加拿大、墨西哥國土面積差很多，但是瓜國也是橫跨兩洋，東邊有加勒比海，西岸鄰接太平洋。
- 瓜國人口約 1,800 萬人，其中一半是 amigo，也就是我

CHAPTER 1
現代馬雅

們通稱的拉丁美洲人（latinos），是歐洲人與當地人混血的後裔；另外近一半的人口是原住民，也就是馬雅人。

- 瓜國官方語言是西班牙文，但是各地原住民也同時保有 20 種以上自己獨有的語言，加上加勒比海岸的 Garífuna 還有東南地區 Zinka，瓜國共有 25 種通行語言。

瓜國位在北緯 14 度，大約與菲律賓的首都馬尼拉相當，應該是四季如夏的熱帶氣候。但是瓜國首都瓜地馬拉市位在海拔 1,500 公尺的高原上，所以一年四季都像是夏天的杉林溪那樣涼爽宜人，早晚約 15 度上下，中午最高溫也不過 25 度，所以瓜地馬拉也稱作「恆春之國」（eterna primavera）。

如果是喜歡喝咖啡的朋友會知道，瓜國是高品質精品咖啡的產地，像是安提瓜、薇薇特南果都是舉世聞名的咖啡產區，瓜國是全世界第 9 大咖啡出口國，更是台灣 12% 的咖啡來源。若以國際咖啡組織（ICO）統計，2023 年台灣人咖啡消費量達 42.3 億杯來換算，台灣人一年要喝掉 5 億杯的瓜地馬拉咖啡啊！

瓜地馬拉治安的確跟其他中美洲國家一樣不是太好，但是到底有多麼不好呢？依據每 10 萬人兇殺案件數作為衡量標準的話，2023 年瓜地馬拉市是每 10 萬人 16.7 件兇殺案，同一年世界平均值是 5.6，台灣是 0.86，看起來瓜國治安真的很可怕啊！但是且慢，若以美國各城市的凶殺率來相比的話，洛杉磯 10.1 件、芝加哥 22.7 件、華府是 29.4 件，紐奧良更是高達 71.9 件，但是還是有很多台灣人去洛杉磯旅遊、去芝加哥唸書，

或是到華府開會不是嗎?這樣,是不是可以幫助大家重新調整一下心裡的尺規呢?

毒梟及幫派犯案的新聞在瓜國的確不是新鮮事,例如,在叢林裡發現被開闢出一條飛機跑道,盡頭是一台被燒得面目全非的小飛機;或是緝毒警察跟毒品犯罪集團槍戰之類的。但是這裡既不生產鴉片、古柯等毒品,吸食毒品人口也很少,基本上連抽菸的人都挺少,這個國家的毒梟問題主要原因,是她很不幸地位在毒品產地通往毒品市場的運輸途徑上。如今在中美洲最大的幫派一個是 Mara Salvatrucha(或稱 MS-13),另一個是 Bario 18,其實都是美國幫派(尤其是加州)吸收中美洲內戰時期逃往美國的移民或游擊隊後逐步擴張的幫派。2000 年前後,美國政府將這些犯罪集團遣返其母國,結果就形成組織犯罪回銷中美洲的恐怖擴散。所幸幫派通常不會盯上觀光客,活動範圍也不會跟國際旅客重疊。但在江湖走跳,注意安全是旅人的第一守則,時時提高警覺還是有必要的。

人民窮不窮,普遍標準是用國民平均生產毛額(GDP per Capital)來衡量,依據國際貨幣基金 2023 年的統計資料,瓜國的 GDP 是 5,680 美元,低於世界平均值的 13,840 美元,也遠低於台灣的 34,430 美元,約莫跟菲律賓(4,130 美元)、越南(4,620 美元)、印尼(5,270 美元)的經濟發展程度差不多。

瓜瓜國是台灣非常重要的邦交國,在各種國際場合總是情意相挺,兩國民間往來也非常頻繁密切,我自己常常不經意就發現兩國奇妙的連結,像是到瓜國冠軍咖啡店朝聖,發現店裡

CHAPTER 1
現代馬雅

咖啡師帥氣巨幅海報居然是全中文，原來是他到台灣巡迴講座時的宣傳海報啊；或是在某原住民山城市集閒逛，發現當地小學生包圍的點心攤，居然是台灣人在賣雞蛋糕！

瓜地馬拉通行貨幣是 Quetzal，發音近似「給查爾」，原義是瓜瓜國國鳥鳳尾綠咬鵑，2025 年 100 美元大約可兌換 Q760；以新台幣來換算的話，瓜幣 Q1 約等於 NT$4.34。瓜國物價呢？嚴格來說，工業製品或是餐廳的價格不低，麥當勞大麥克套餐 Q59，相當於新台幣 261 元，比台灣的 159 元貴上一大截，但是傳統市場裡的蔬菜水果或是巷口、路邊的玉米餅（Q1 一落）或熱狗三明治（Q20）則是相當便宜[1]。

---

1　2024 年瓜國基本薪資 Q3,723/ 月，以瓜政府統計的基本糧食所需，每人每月是 Q838，若將住屋、水電、交通等等全部開支一起納入統計，每人每月基本開支則是 Q2,421。當然，瓜國城鄉差距大、貧富差距大，這些數字，都只是數字而已。

029

# 既貧窮又富裕、
# 既危險又和善的奇妙首都

步入瓜地馬拉首都機場入境大廳那一刻,你會發現滿滿的當地民眾圍在四周,讓人不禁懷疑是哪位瓜國巨星跟我搭同班機抵達嗎?其實,這些熱情的民眾不是來追星,是來盛大歡迎他們心目中的英雄:那些在美國工作按月寄生活費回家的赴美瓜人。

從美國返家度假的瓜瓜人穿著通常與你我無異,但是來迎接的家人們則極可能男士們頭戴牛仔帽、腰間佩刀,女士們全身傳統手工編織衣裳。仔細端詳,還會發現一人返瓜,全村都來迎接,而且還很可能是十幾個人擠一台皮卡(pick-up)一路顛頗數百公里而來。

你好不容易自熱情的當地人群中擠出一條路離開機場,你叫了一台 UBER,先到瓜國首都瓜地馬拉市逛逛吧!車行八線道林蔭大道上,兩旁儘是樓高十多層的玻璃帷幕大樓,車速不

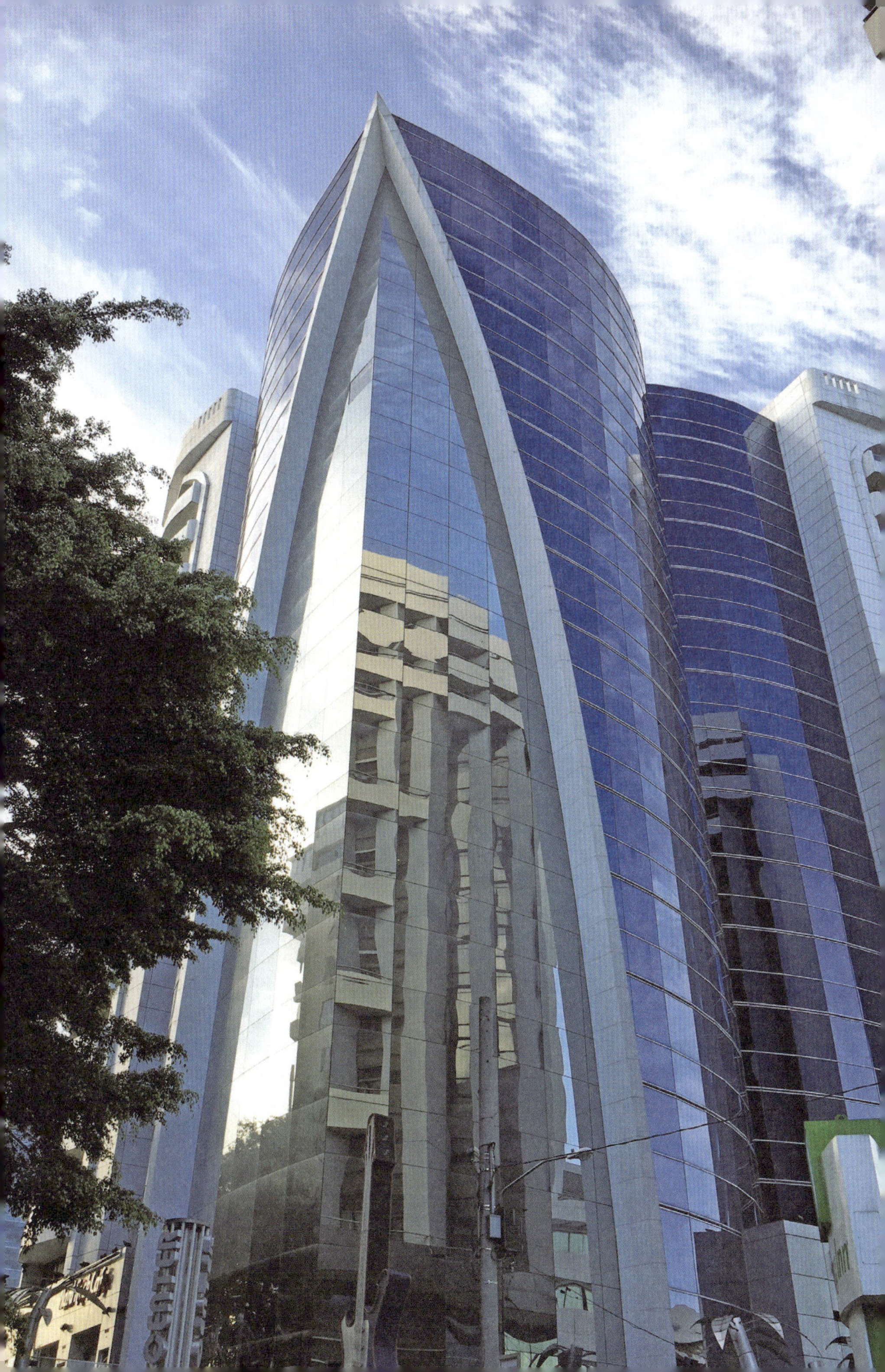

快,不知為何好像到處塞車啊!

隨意進入一處商場,星巴克、SUBWAY 是標配,歐舒丹、Zara、Mango 貨色也很齊全,法國菜、義大利菜餐廳跟高級牛排館口味與服務都不壞,紅酒 lounge、雪茄吧不難找,還有非常地道的港式飲茶呢!這一切都與台北東區差異不大,唯一看得不習慣的地方,應該是店門口荷槍實彈、面容肅殺的警衛們吧。這時,旅人才終於有了一點異國感了。

但是,同一個城市裡,事實上有著另一個完全平行的時空,如同量子糾纏一樣,鏡像般過著完全相反的生活,但就真真實實地在同個城市並存共生著。

如果你從機場改搭公車前往總統府前的憲法廣場(Plaza de la Constitución),你就可以開啟另一個平行時空的通道。由美

在機場歡迎從美國返家親友的人潮

CHAPTER 1
現代馬雅

國老舊校車改裝的野雞公車（Chiken bus）噗噗地冒著黑煙在大街小巷奔馳，車上沒有空調、座位沒有泡棉軟墊，沒有「下一站是……」的跑馬燈跟廣播，更沒有博愛座。公車門很神奇的不大會關上，收車票的小哥就這樣一路掛在門上，沿途喊著公車目的地，還時不時把趕著上車的乘客從路旁一把撈起，堪稱絕技。

到了首都市中心，最重要地標就是總統辦公室所在的文化宮（Palacio Nacional de la Cultura），巨幅天藍色瓜國國旗在文化宮前的晴空中飄揚，憲法廣場邊上有主教座堂，以及公路 0 公里起點標示。旁邊還有個當地庶民市集，各式傳統服飾綴上亮片非常吸睛，價格不比 Zara 便宜，但吸引眾多少女少婦駐足選購。

瓜國國旗中的藍色象徵鄰接的太平洋與加勒比海，也象徵天空與自由；中間的白色則代表純潔、和平與正義

摩登新穎的大賣場

渴了，不妨到廣場邊上 1932 年開幕迄今的 El Portal 喝一杯混合黑啤跟淡啤的 Chibola。你可以手捧著幾乎可以養金魚的巨大高腳杯啤酒，想像著 1954 年切・格瓦拉（Ernesto Che

033

Guevara）跟你坐在同一張桌子旁，慷慨激昂地談論著如何協助左派阿本斯總統推動社會改革運動。

餓了？不遠處的中央市場還有各式小吃，豬肚絲玉米餅、炸大蕉、豬腳泡菜，還有餡料堆成小山高的 enchilada（辣肉餡餅捲）最是經典。Doña Mela 是絕對不能錯過的小吃攤，食客來自五湖四海，隔壁桌的食客極可能熱情地邀你併桌，並且強力推薦你嚐嚐五花八門、眼花撩亂的小吃，甚至是要求跟你這歪國人合照呢！

瓜國貧富差距大，窮人跟富人的生活天差地遠，富人一餐可抵上窮人一個月的薪資，加上瓜國幅員廣闊，城鄉差距極大，往往出了城，就像是進入時光機一樣回到台灣的 70 年代。22 省的氣候、種族、文化也都大不相同，但是瓜國人熱情溫暖，總是不吝於給陌生人一句親切問候：Buenos días！Buen provecho！En qué le puedo servir？是走遍瓜瓜國各地不變的美麗風景。

Bienvenidos！

歡迎來到瓜地馬拉！

CHAPTER 1
現代馬雅

# 禮失求諸於野

　　西班牙殖民時期的瓜地馬拉稱為「瓜地馬拉都督府」或「瓜地馬拉王國」（La capitanía general de Guatemala o reino de Guatemala），隸屬在當時的「新西班牙王國」（Virreyes de Nueva España，1535-1820）下，政治轄區包含現在的瓜地馬拉、貝里斯、薩爾瓦多、宏都拉斯、尼加拉瓜、哥斯大黎加，以及現在墨西哥境內的恰巴斯州（Chiapas），而都督府就設在瓜國古都安提瓜。

　　身為首都天龍人，瓜瓜人自帶一種優雅的大戶人家氣度。這也可以從瓜人的自稱一窺端倪。「瓜地馬拉人」的正式說法是「Guatemateco」，但口語上則常常自稱「恰兵」（chapín），女生則是「恰兵娜」（chapína）。這個有趣的自稱從何而來，眾說紛紜，其中最有「音效感」的說法，是 16、17 世紀的瓜瓜首府貴族，跟隨法國貴族的時尚，流行穿高跟鞋，而當時中美洲的鄉野庶民則多是打赤腳或穿草鞋，那些穿著高跟鞋、走

在石板路上發出恰恰兵兵聲響的人，就被稱作是「恰兵」囉！

瓜瓜國的西班牙文跟遠在歐洲母國的西班牙文用字遣詞差異頗大，就好像是中國、台灣、東南亞華人的中文，一聽就是不一樣。相對於現在西班牙人的直率，瓜瓜國人開口是「Manda」（請吩咐），閉口是「Para servirle」（榮幸為您效勞）、「A sus ordenes」（任君驅策）等歷史劇人物般的台詞，你呀你的第二人稱「Tú」極少聽聞，大多都是用敬語「Usted」（您），「Vos」也就是古代的「您」，在瓜國也是極為普遍。

這樣恭敬有禮的對話，不僅是出現在職場上或是陌生人之間，有時候連家人、熟識好友間也是這般斯文。如果他們還想要再表示尊敬，則會在稱呼對方名字前再加上「Don」，最有名的例子應該是「Don Juan」唐璜了。

璜先生其實不姓唐。don 原意是 de origen noble（of noble origin）的縮寫，也就是出身高貴的人，don/doña 的用法近似英文裡的 sir/madam。可以想像在 16、17 世紀西班牙殖民時期，除了真正封爵或是擁有官銜的人以外，還有許多皇親國戚也都到新大陸來，當地人尊稱這些出身上流的人 don，習慣沿襲至今，連我這種歪國人也都被當地人以 doña（董娘）尊稱。

說實話，我初次被稱為 Doña Cecilia 的時候，我感覺我身穿的牛仔褲頓時變成澎澎裙，披散的頭髮也都被梳成了髻，還簪上了珍珠跟羽毛，逼得我回話的時候，只得跟著用文言文，客客氣氣地回應一句「Manda」（請吩咐）。

CHAPTER 1
現代馬雅

# 被迫早起的
# 每一天

　　1773 年瓜國舊首都安提瓜（Antigua）數度遭受嚴重地震侵襲，當時的西班牙殖民政府決定遷都，因此擇定了遠離火山且地形上易守難攻的 Ermita 峽谷興建新都。但易於防守的天險地形，也限制了現代城市的發展。

　　新首都人口逐年成長，2023 年已超越 300 萬人，市政規劃也從總統府周遭的 zone 1、zone 2，一路擴張到 zone 25。因為峽谷地形腹地有限，新興區域往往只能往山丘、陡坡、深谷發展，聯外道路盡是沿著稜線蜿蜒的道路或是跨越河谷的橋樑。當年仗恃的天險，成了今日的交通瓶頸。

　　如果一個開車通勤上班族，要從首都衛星城市「新莊」（Villa Nueva，是真的叫新莊喔）進城上班，通常得凌晨 4 點多起床，5 點多出門，好趕在車陣真的一動也不動之前抵達公司。如果 7 點才上路，那 30 分鐘的路程可能會變成 2、3 小時，準是得遲到了。

如果是一個搭公車通勤的勞動階層，那就更辛苦了。3 點多就得摸黑走上一段沒有路燈的暗路去公車站，等著那不知何時會倏地出現的公車。運氣好，可以第一或第二班車就擠上，運氣差一點，公車拋錨、爆胎，甚至是遇上公車搶匪也都不是新鮮事。大多數受僱階層會在 6、7 點就抵達公司，吃個早餐或是找個角落瞇一下，好準備 8 點上工。

　　下午 4 點，歷經一天辛勞工作，可憐的通勤族們又要再度投身惡夢般的交通戰場。一個個在路旁伸長著脖子盼著公車快來，公車在喇叭聲不絕的車陣裡塞著，疲累的乘客們也在破舊沒空調的車廂裡擠著挨著。晚上約莫 7、8 點，終於到家了，喝碗熱湯配幾片玉米餅湊合著吃點，大概就得趕快收拾收拾去上床睡了。明天又得摸黑 3 點起床呢！

搭乘首都 BRT 公車的通勤人潮

CHAPTER 1
現代馬雅

# 週日的
# 市民集體放封

　　美洲大道（Avda. las Américas）與改革大道（Avda. Reforma）是貫穿瓜國首都南北的林蔭大道，氣氛頗像台北的仁愛敦化綠林道。

　　跟許多發展中國家一樣，瓜國首都繁忙壅塞、公園綠地稀少，郊區野外則是設施不足或是治安堪慮。為了讓民眾週末有個好去處活動筋骨，首都市府自 2001 年開始推行「Pasos y Padales」計畫，翻成中文大約是「散步好，騎車也好」計畫，有魄力地在每個週日早上 7 點至下午 2 點，把美洲大道跟改革大道的快車道給封了，讓市民可以在林蔭大道下，安全自在地遛小孩、遛毛小孩、跑步、騎腳踏車，或是任何運動休閒活動。

　　當地人扶老攜幼，無視地上快車道的雙白線，自在散步，時不時跑者或是單車騎士一身勁裝地超車而過，原本該是汽車迴轉道的地方，則是擠滿了跳有氧的活力滿滿地喊著「彎摩～凸摩～」，沿線還有不同主題攤位區，有醫療站、浪浪貓狗認

養區、公益團體宣傳攤位。美食小吃區當然更少不了,自認為運動完很可以犒賞自己一份法式可麗餅、熱狗堡或是來一杯冰涼的 Michelada 的,別擔心,這裡通通都有。

記得有一次遇到軍人節,整個馬路及分隔島變身帶狀軍事展示場,貨真價實的坦克大砲都擺出來了,小朋友們可以去把臉塗上迷彩,還可以體驗把玩真正的衝鋒槍,哇!我們外國人也真是開了眼界。

瓜國基礎建設雖然未必比得上台灣,但是他們的創意跟勇於突破框架,還是很值得給她按讚加分喔!

CHAPTER 1
現代馬雅

# 瓜瓜國
## Fun Facts

### 麥當勞快樂兒童餐

　　1971 年，麥當勞引進瓜瓜國（台灣則是 1984 年才有麥當勞），瓜國代理商發現，一般套餐的份量對小朋友來說都太大了，因此在 1975 年推出麥噹噹叔叔套餐給小朋友，裡面有小漢堡、小薯條跟小飲料，這個創意迅速獲得家庭顧客歡迎。1979 年這個點子被總公司採用，推行到全世界，也就是現在風行全球的麥當勞兒童餐。

CHAPTER 1
現代馬雅

現在瓜國首都羅斯福大道上（Calzada Roosevelt 31-55）甚至還有一家麥當勞建築的外型，就是一個快樂兒童餐的盒子，以紀念這個全球兒童共同回憶的發源地，有機會也不妨去朝聖打個卡。

題外話，發明快樂兒童餐的這位瓜國經理是 Yolanda Fernández de Cofiño 女士，她後來還開發一個新產品就是麥噹噹生日派對，這個生意點子後來也被總公司採用，也讓 Yolanda 榮獲第二座麥當勞叔叔獎座！

## Luis von Ahn

瓜國有個科技名人 Luis von Ahn。沒聽過？但是他有個發明可是我們每天都要交手很多次的，那就是：reCAPTCHA，也就是「驗證碼」。對，就是那個你輸入帳號密碼之後，還要看著一個小圖，依據一組扭曲的文字或數字，輸入驗證碼的那個東西。他同時也是語言學習軟體多鄰果（Duolingo）的共同創辦人，多鄰果風行全球有高達 5 億人註冊使用它，2021 年已經在美國納斯達克交易所掛牌上市，市值超過 130 億美元。

Luis 現在是美國卡內基梅隆大學電腦科學學院研究員。身為瓜國為數不多的科技名人，每次選舉都會聽到瓜人說，應該

要聘他回瓜國當教育部長甚至總統之類的話。我想,即使這樣的數學奇才,面對錯綜複雜的政治,應該也是束手無策吧!

## 牛仔褲

瓜國西南部的 San Juan Sacatepéquez 是瓜國紡織重鎮,加上當地生產高品質的大青染料,所出產的藍染棉布實用耐穿,早在 19 世紀中葉時就被歐洲商人發掘其潛力,將這些藍染布出口到歐洲。因當時風行的法國尼姆(Nimes)棉織品被稱為「單寧」(denim),商人搭著當時風潮,就把瓜地馬拉的織品取名為瓜地馬拉單寧(Guatemala Danim),結果大受歡迎。牛仔褲藍染布發源自美洲、發展於歐洲,又再度從美洲風行至全球。瓜地馬拉算是越洋參與了牛仔褲丹寧文化的起源。

20 世紀的牛仔褲已成為年輕人追求自我、不受傳統羈絆的象徵,每個人的衣櫥裡都少不了幾件。瓜地馬拉等中美洲國家受惠於地利之便與銷美的關稅優惠,成為許多美國知名品牌牛仔褲的加工廠所在地,像是 Levi´s、Abercrombie & Fitch、American Eagle 等 都

馬雅傳統服裝配色穿搭

CHAPTER 1
現代馬雅

是在瓜國加工出口到北美市場。

瓜瓜國時至今日仍然生產高品質藍染棉布，是原住民服飾不可或缺的基調，相較於今日風行世界的 Levi's 等國際品牌服飾，私以為瓜瓜國的時尚穿搭更繽紛有型啊！

## 星際大戰

蒂卡爾馬雅神殿

星際大戰（Star War）是人類史上少數影迷橫跨半個世紀且歷久彌新的系列電影。1977 年上映的星際大戰四部曲（當時就叫做 Star War，四部曲是後來加上去的）：曙光乍現，有一幕是擁有古老文明的叛軍基地 Yavin 4，在電影特效及後製還沒有那麼發達的當年，整個場景是在瓜國北部蒂卡爾（Tikal）馬雅遺跡拍攝，再後置影像賦予 Yavin 4 神秘古老異世界的具體視覺形象。如今仍有許多星戰迷到 Tikal 朝聖，想看的不是馬雅古文明，而是打卡星際大戰場景啊！

看了這些瓜瓜國的有趣小介紹，是不是覺得她跟我們其實沒有距離那麼遠呢？

045

118

CHAPTER

2

舌尖上的
瓜瓜國

# 玉米
# 做的人

在馬雅創世紀神話「波波烏」（Popol Vuh）裡面說到，天神特佩烏（Tepeu）和古庫馬茲（Gucumatz）創造了動物之後，因為動物不能說話、無法敬拜神，於是就想要創造人類。一開始，祂們用泥土塑人，但是泥土人傻傻又笨重，被雨水一淋就溶化了。於是，天神就改用木頭造人，結果木頭人滿地亂爬，不會說話、沒有靈魂也缺乏理解力，更不懂得敬拜天神，於是天神就降下大洪水把他們沖走，成了猴子的祖先。

正當天神們思索該用什麼材質來造人才好的時候，山貓、土狼、鸚鵡及渡鴉捎來消息，在 Paxil 那個地方有豐富的物產，而且長出了玉米。於是，天神就用黃色跟白色玉米磨成粉，糅成麵團做成人類的骨骼肌肉，用玉米漿作為人類的血液，造出了玉米人。玉米人善良而美麗，並且有深厚的智慧，眼睛可以看到山川海洋，甚至無盡蒼穹及四方大地。天神突然感覺不大對勁，這些厲害的玉米人難道也要跟自己一樣成為神明嗎？於

CHAPTER 2
舌尖上的瓜瓜國

是就在玉米人的眼睛上吹了一口氣，模糊他們的眼睛。就這樣，玉米人從此只看得到眼前的近物，智慧也被限制，但是世世代代繁衍，成了人類的祖先。

現在瓜瓜人，仍然是玉米人，有著吃玉米長成的肌肉、流著玉米的血液。一天沒吃到玉米，就像是我們一天沒有吃到白米飯一樣，感到身心靈空虛。玉米不僅在馬雅世界有著崇高的地位，今天，玉米已是全世界產量最高的穀類作物，年總產量達 12.25 億公噸，約佔全球穀物產量的 43%。

玉米在馬雅人的生活裡扮演不可或缺的角色，考古學家肯特·傅能瑞（Kent Flannery）在墨西哥南部一個山洞裡，發現最早的玉米遺存，時間可以追溯距今 6 千多年前。就像是我們的米食變化萬千一樣，數千年來，馬雅人發明了千百種吃玉米的方法。其中最重要的，當然就是 tortilla 玉米餅。

Tortilla，發音近似「多爾地亞」，當地人用玉米粉和水做成麵糰，抓一小陀整成掌心大小，然後不用擀麵棍，也不用壓模機，而是放在兩掌之間拍拍拍。這個拍的過程，是讓麵皮厚薄均勻，放上煎鍋乾烙一下，玉米香直撲口鼻，是瓜瓜人三餐都會吃的主食。

到了用餐時刻，大街小巷都可以聽到此起彼落的鼓掌聲，不知情的，還以為是什麼精彩的表演正獲得滿堂彩呢！

瓜瓜人常說：窮到只能吃玉米餅配鹽（tortilla con sal）。我也總是樂觀地解讀成：再窮也有玉米餅配鹽。在瓜瓜國，如果不是自己揉麵，也總是可以在街上用 1 元瓜幣（約新台

幣 4 元）買到一落 4 到 5 張玉米餅，配個鹽或是辣椒醬或泡菜（escabeche）[1]，就是窮人簡單的一餐。講究一點的話，當然可以加上雞肉、豬肉、碎洋蔥、香菜跟烤過的鳳梨，自由搭配成 taco，或是把玉米餅當作各式主食的副餐澱粉，都非常合適。

還不習慣吃玉米餅的人，可能會覺得入口有一絲澀味，這個澀味其實來自於石膏。古代馬雅人發現，如果單純以玉米為主食，人體無法吸收玉米的必需氨基酸，如果加入鹼性物質去浸泡或是烹煮玉米，就可以使玉米釋出膳食菸鹼酸，菸鹼酸與氨基酸結合就可以被人體吸收，提供人體所需的完整營養。

依據當地腸胃科醫生說法，tortilla 沒有發酵、沒有奇怪添加物，就是單單純純的玉米粉跟水，也沒有麩質，是比麵包健康的主食選擇呢！

---

1　瓜國的綜合蔬菜泡菜，常見有白花椰菜、高麗菜、洋蔥、紅蘿蔔及辣椒，通常會加月桂葉、迷迭香及胡椒跟鹽，口味偏酸鹹辣，跟台式加了糖的酸甜味有點不同。

# 玉米粽

各地都有粽子，南部粽、北部粽、潮州粽、湖南粽、菲律賓粽、印尼粽。以玉米為主食的馬雅文化圈，當然也有玉米粽，稱作「打罵」（tamal）。

也跟各地的粽子一樣，每個瓜瓜人都覺得只有自己家阿嬤的「打罵」才是正統，其他都是邪魔歪道。也跟所有的粽子一

樣,每個打罵都非常的耗時費力,只有在特定節日才會鄭而重之地大搞一番。

瓜瓜國的打罵粽非常精彩多元,有甜有鹹、有包餡沒包餡,粽葉也分成很多種,有的用香蕉葉、竹芋(hoja de maxán),也有的用玉米穗外的包葉(tusa de maíz),形狀更是有大有小、有圓有方。

大多數的打罵粽跟台灣粽最大的不同是,台灣粽子內容物大多是米飯加餡料,但是中美洲的玉米粽則多是粉漿加上餡料,因此,拆開粽葉,不會看到一顆一顆的玉米,而比較像是台式的蘿蔔糕、油蔥粿或是碗粿,口感則是比碗粿再順滑軟嫩一點。

自家準備打罵粽可是一件大事,從洗粽葉、泡玉米、磨玉米、煮玉米糊、備醬汁到包粽子,起大鍋蒸,這可是得動員全家族忙上一天的任務,不僅供自家人享用,還要分送親朋好友,因此,怎麼可以只包幾個就收工,當然是以「千」為單位的大幹一場。

我的瓜瓜朋友說,每年聖誕節,不僅全家一起投入準備做2,000到3,000個打罵粽,就連吃打罵粽也是家族盛事,從聖誕夜(12月24日),一路吃到1月2日開工(一種我們年夜飯菜尾,一直吃到年初四的概念)。

中美洲的玉米粽,大多是曬乾的玉米粒泡水再磨成泥,再加適量的水煮成糊狀,整鍋玉米糊非常的稠滯,一不專注攪拌就會鍋底燒焦,而不斷沸騰的玉米糊往往把執勺的人燙得哇哇叫(其實,不能叫執「勺」,因為他們都是拿一根像船槳一樣

## CHAPTER 2
### 舌尖上的瓜瓜國

左上｜chuchito 比打罵清爽一點，有包肉也可不包
右上｜Tamal de Chipilín，Chipilín 是一種豆科的葉子，有淡淡清香
下　｜經典款打罵粽，粿體 Q 嫩，上面有紅醬跟肉塊

的大木板在攪拌）。

　　瓜瓜國的粽子，粿體 Q 彈滑嫩自然是重點，但是真正決勝關鍵，其實是那個紅棕色的醬汁。

　　這紅醬可不是單純的番茄醬而已，第一步要起個乾鍋，放入南瓜子跟白芝麻炒到種子略略膨起，香氣出來，取出備用。接著炒製香料。同一個鍋子不放油，逐一加熱丁香、牙買加胡椒（pimienta gorda）、果香濃郁的 guaque 乾辣椒以及溫和的 pasa 乾辣椒，逼出它們的香氣，炒好後浸在開水中泡軟備用。還沒完，另外起一爐炭，在炭火上烤番茄、紅椒、洋蔥跟酸漿（miltomate，又稱燈籠果）等蔬菜類食材。傳統的作法是把芝

053

麻、南瓜子、番茄、蔬菜跟香料逐一用石杵跟石砧輾壓成泥,現代家庭則改用果汁機,把前述食材全部均勻打成泥,再加入高湯,慢火熬煮至濃稠,打罵粽的靈魂這才自四方被招喚入體。

接著就是包粽子了。

記得小時候跟我媽學包粽子,光是要單手捏著竹葉圈成小三角錐不變形,已經夠難了,包入米飯餡料之後,不僅要填料填得扎實,還得把上方竹葉包上,凹折成俊挺的四面體,手都要抽筋了啊!所幸,瓜瓜粽沒有要為難大家。大多數的打罵粽就是包成信封樣子就可以了,變化版也頂多弄成福袋的樣子,輕鬆多了。

以最常見的信封狀粽子來說,取一張洗淨用開水燙軟了的竹芋或是香蕉葉,約莫是 30 乘 50 公分大小,上面再襯一片比巴掌大一點的葉子。取一大勺玉米泥,平鋪在葉子上,然後在上面淋上醬汁,取幾塊肉鑲進去。這時看各家習慣,可再加上橄欖、切好的青椒條、葡萄乾或是 jalapeño 辣椒。然後把葉子左右兩端拉起折好,頭尾往背後折進去,形成一個長方形禮物包,取一條藺草繩綁個十字,完成。

最後,取一大鍋,底下鋪香蕉葉後,將綁好的打罵層層疊疊堆好,上面再蓋上幾層香蕉葉,加水蒸 1.5 小時。呼～接下來就是搓手等著吃啦!

古今中外,包粽子都是一件費工耗時的大事,粽裡每樣食材的調味跟烹製,都與家族背景、口味、習慣,以及掌勺人的巧思息息相關。而粽子這個幾乎可以說是文化工藝品的東西,

CHAPTER 2
舌尖上的瓜瓜國

阿嬤坐鎮率眾女眷一起包節慶吃的小打罵（沒包餡，可用搭配 Pepián 食用）

一年又一年、一個又一個地被我們吃下肚，逐漸在每個人心裡刻鑿出一個不可取代的模樣。粽子裡一樣樣看似尋常的食材，只要差之毫釐，心裡的桌子都會頓時被怒氣掀翻，即便是良善寬和的人，在咬下一口粽子後，都不自禁的變身成了偏執狂。

像我的瓜瓜朋友，每年聖誕節心心念念的就是他阿嬤會專為他做的巧克力口味打罵。在瓜瓜人心中，巧克力口味可說是完全有違倫常，但是卻是阿嬤與金孫之間不可取代的甜蜜滋味。

今日瓜瓜國要吃打罵粽，上市場也是挺容易買到，但是，人人心中都有不可取代的打罵典型，很難滿足。而且，一年一度大家一起忙和一陣，才有年節氣氛，不是嗎？

# 街頭小吃
## Antojitos

依據劍橋西班牙文辭典，antojo 是指任性突發的興致、不理性的渴望、嘴饞，尤其指孕婦的嗜物反應。瓜國把那些一時嘴饞、就是任性想吃的小東西取名叫做 antojito（把 antojo 加了 ito，變成「小小的」），真的是再貼切不過了。

瓜國街頭小吃變化萬千（跟台灣比當然略遜一籌，但是已經是十分精彩了），瓜國第一名街頭小吃叫做 shucos（休狗），是一種熱狗大亨堡的豪華版。不只有熱狗，還有香腸、培根、漢堡排或是雞肉，或是通通都來。麵包則是 30 公分長、12 公分寬的大麵包。將麵包用炭火烤的外酥內軟，抹上厚厚一層的酪梨醬，然後，層層疊疊地堆上熱狗、香腸、高麗菜、炒到焦糖化的洋蔥，最後，滿滿地擠上美乃滋、番茄醬、芥末醬。我第一次光顧時，簡直被這個巨無霸給嚇得倒退三步，價錢卻是不可思議的便宜。

瓜瓜國最有名的熱狗攤是位在首都四區的「老中」熱狗攤

瓜國經典必吃休狗（Shuco）

（El Chino）[2]，攤子在瓜地馬拉中學（Liceo de Guatemala）[3] 附近。老中熱狗俗又大碗，成為發育中的中學生下課必來報到的熱門小吃，又因為鄰近貴族教會（Iglesia Yurrita），許多開名車、穿西裝的士紳也是忠實客戶呢！

中央市場的美拉阿姨小吃攤（Doña Mela），則是另一個瓜國必吃的小吃攤。從攤位上推成小山一樣的炸豬皮（chicharrón）就不難發現，她的招牌菜正是炸豬肚、豬皮玉米餅（Buche con chicharrón）。美拉阿姨將炸豬肚跟炸三層肉切碎，放在已經堆滿碎洋蔥、櫻桃蘿蔔丁的玉米餅上面，再擠上檸檬汁、放些香菜，嗯～太好吃了！但可先別急著再追加一個，要留點肚子給其他好吃的啊！

我個人最愛的還有 patita a la vinagreta，直譯大概是泡菜豬腳吧，是道充滿膠質又開胃的冷菜，想要維持紳士淑女形

---

2　這位熱狗攤老闆並不是真的中國人，只要是眼睛小一點的人，往往就會被取綽號叫老中。
3　在瓜國首都頗負盛名的學校，相當於瓜國的建國中學，或是稱瓜國的伊頓公學，迄今已經出了 5 位瓜國總統呢。

炸豬皮、豬肚蘿蔔絲沙拉（buche con chicharrón y rábano）

象用刀叉吃這道菜幾乎不可能，得用手抓著啃才夠味。大口咬下Q彈的帶皮豬腳，再用手抓一小撮醃得入味的泡菜四季豆或辣椒，絕配。還有 chile relleno（紅椒鑲肉），煮到軟嫩的整顆紅椒裡包的是牛絞肉炒蔬菜，外面裹一層麵衣過油炸得酥鬆，淋上特製蕃茄醬汁，撒點乾酪跟香芹，層次非常豐富。enchilada 則是用炸過的玉米餅當容器，堆上紫色高麗菜絲、甜菜根、生菜、肉末、切片白煮蛋、洋蔥圈、起司粉跟洋香菜。這也是一道會吃得非常狼狽的小菜，因為玉米餅非常酥脆，只要咬上一口，整個紫色小山就會崩垮，撒的到處都是。我總是顧不得形象，低頭趕緊捏起撒得滿桌的甜菜送進嘴裡，吃得嘴裡甜滋滋，嘴唇染上一抹紫紅，一邊祈禱這個節骨眼，千萬別遇到熟人啊。

還有 tacos。在瓜國 tacos 通常指的是將玉米餅包好內餡，捲成脆笛酥的樣子下鍋炸好，一份 2 至 3 根脆笛酥

好吃到讓人不顧形象的 enchilada

CHAPTER 2
舌尖上的瓜瓜國

淋上醬汁、撒上起司粉、洋蔥圈跟洋香菜,記得拿起盤邊附上的青檸擠上去,吮指回味啊!

甜品必吃的則有紅豆香蕉球(rellenitos),是大蕉煎熟壓成泥,包上紅豆泥捏成橢圓球型,裹粉下鍋油炸。灑上糖粉後裝盤送上桌,外酥內軟,紅豆泥鬆軟的甜香,跟大蕉絲滑酸甜的滋味交織入口,是少數將紅豆做成甜食的瓜國菜色。樹薯煎餅(tortas de yuca dulce)、莫雷醬大蕉(mole de plátano)也是美拉阿姨這值得一試的招牌菜喔!

我常常光顧中央市場,1960 年開設迄今 Doña Mela 是我百吃不厭的攤位,每次我猶豫不決不知要點哪一樣好時,總會有

左上 ｜ tacos
右上 ｜ 泡菜豬腳
右 ｜ Tostada de guacamole

059

炸大蕉,有著香蕉一貫的甜香,更多了澱粉質的飽足感

熱心的老主顧推薦他的最愛給我,甚至幫我吆喝忙碌的店員幫忙點餐。有一次,又一位中年男子熱心跟我推薦什麼必吃、什麼不吃後悔一輩子,他還自我介紹說,他是首都十區一家義大利餐廳的主廚,但是他每週日店休一定會過來這裡光顧,這裡才是他脾胃的原鄉啊!

- 附註:
  如果真的對傳統市場裡面飲食有點卻步的人,也可以嘗試連鎖餐廳七碗湯(7 caldos),也有很多小吃的選擇,窗明几淨衛生無虞,但是,你也知道的,就是少了那一味,那一個跟大夥兒擠著蹭著閒話家常的人情味。

# 卡貝樂
# 炸雞

如果你沒吃過「卡貝樂炸雞」（Pollo Campero），就不算來過瓜瓜國。

卡貝樂炸雞是 Pollo Campero 的官方中文譯名，直譯的話，應該是「鄉村風」炸雞比較貼近原意。卡貝樂炸雞在瓜瓜國共有 120 幾家分店，如果加上專攻鄉下的外帶子品牌「農莊炸雞」（Pollo Granjero），全國超過 320 家分店。相比之下，肯德基爺爺在全瓜瓜國只有 14 家，而且大多門可羅雀，這樣應該可以想像卡貝樂炸雞在瓜國的地位了吧！

這家炸雞到底有多厲害？好吃當然是關鍵。

就像他們廣告說的 llenas de sabor hasta los huesos，雞肉入味到骨，雞皮炸的酥脆極了，皮下面的雞肉則嫩到噴汁。最好的吃法是：第一步，先把偶像包袱拋開，減脂減鹽等健康顧慮也暫時放一邊；第二步，雙手抓起一塊炸雞，連皮帶肉大口大口咬下，嗯～～；第三步，噴濺到下巴的雞汁跟脆皮屑屑隨便用

手背一抹，趕快再伸手抓起另一塊炸雞，以免被同伴搶光了！

這炸雞好吃到赴美探訪親友的瓜人，總是要帶一大桶炸雞當作伴手禮。這非帶不可的炸雞，居然美味到讓美國政府也特許它可以登機跟入境美國。在瓜國機場裡有一家卡貝樂炸雞分店，生意好不用說，還特製登機用的航空密封包裝，只見登機門前長長的隊伍裡，每個人手提一包炸雞。上了飛機就會發現，這密封包裝完全沒用啊，機艙裡充滿鹹香的炸雞味，讓人肚子餓了起來，更讓沒買炸雞的人一路懊惱到美國。

其實，卡貝樂炸雞早就進軍美國還開了100多家分店，但是瓜人就是覺得美國的雞肉沒有家鄉的美味。卡貝樂炸雞也成為瓜國進軍國際市場的優勢品牌，它在薩爾瓦多跟西班牙各有70到80家分店，在中美洲、南美洲及歐洲各國也都有它的蹤跡，可以說有瓜人的地方就有卡貝樂炸雞。

這麼成功的卡貝樂，我想，它唯一的滑鐵盧，應該是中國了。2007年，上海第一家卡貝樂炸雞開幕時，風光極了，還曾經發下豪語，要在中國展店500家，未料不到2年，就黯然退出中國市場。

不知道卡貝樂如果來台灣展店會是怎麼樣的發展呢？記得有一次，一團台灣人到瓜國訪問，離瓜轉往美國時，台灣駐瓜大使送機時硬是給每個人買了一桶卡貝樂炸雞讓他們帶去美國吃。團員覺得麻煩但盛情難卻，只好收下（我猜他們心裡默默叨念這炸雞能有多好吃……）。到了美國，台灣朋友半夜因時差餓醒，在旅館拿出冷掉的卡貝樂炸雞一口咬下，居然仍美味

CHAPTER 2
舌尖上的瓜瓜國

地讓人想流淚。

　　我想，這麼美味的卡貝樂炸雞如果可以來台灣展店，跟我們鹹酥雞、炸雞排一決高下，應該是全台灣人的口福吧！

瓜瓜國第一品牌炸雞

063

# 北鼻岸
# 燉雞

　　那一次，是我旅居紐約的大學摯友來瓜瓜國找我。為了搬出最厲害的文化體驗，我特別央求喀克奇奎族（Kaqchikel）好朋友 Lidia 幫忙，教我們做一道最道地的瓜國料理。Lidia 很可愛地跟我說：「我都是用滿滿的愛在煮飯給我的家人吃，但是，我不敢保證它好吃。」「不過，我可以帶我阿姨去你家教妳們怎麼做菜，她不只有愛，更有手藝！」

　　於是乎，那一天 Lidia 兩手牽著她一雙超級可愛的雙胞胎女兒來到我家，接著進門的是提著大包小包食材的阿姨。我對於還要麻煩阿姨採買食材感到不好意思，但若是指望我這個外國人去款齊食材，也太不可靠了。

　　這一天，我們要準備的不是別的，就是瓜國國菜「北鼻岸」（Pepián）。

　　這道菜外觀上看起來像是雞肉咖哩。棕褐色的濃稠醬汁裡面有大塊的帶骨雞肉，澆在白飯上，吃的時候，用湯匙將白飯

與醬汁拌勻送入口中,就跟咖哩吃法一模一樣,但是卻完全沒有咖哩的辛辣味。

阿姨教我們,南瓜籽是關鍵,其實,北鼻岸的名字來自 pepitoria(南瓜籽),南瓜子跟芝麻正是這道菜重要的基底,賦予北鼻岸厚實濃郁的香氣跟口感。這道菜第一個步驟,就是用文火仔細地將南瓜籽炒到略為膨起就要起鍋放一旁備用,接著,換上白芝麻一樣略炒熟,如果芝麻開始逼逼波波地跳動,那就該起鍋了!

第二步,是將白米乾鍋炒到略為焦黃,加入開水或高湯煮滾到變成米湯,這米湯則是讓北鼻岸醬汁稠化的糊化劑。

第三步,要來烤所有的蔬菜食材。因為我家廚房沒有辦法生火燒炭,就在瓦斯爐上架個烤盤,將番茄、酸漿、洋蔥、紅椒全部烤熟透。當然,少不了瓜國料理常見的果香濃郁的

guaque 乾辣椒以及溫和的 pasa 乾辣椒，也一樣烤透後剝去焦黑外皮跟種子，泡水備用。

接下來，就是將前面處理好的每一樣食材，全部放入果汁機打勻，看起來像是一個超濃的蔬菜泥。這可是所有蔬菜的甜味跟香氣的濃縮精華呢！

這時，另起一鍋清湯，將剁成大塊的雞肉加入鍋中，也可以將馬鈴薯、紅蘿蔔或是佛手瓜（güisquil）等等喜歡的蔬菜切大塊一起加入，待雞肉跟蔬菜都煮熟後，把剛剛備好的蔬菜精華加入這一鍋蔬菜雞湯中，中火煮到煮到充分混合入味，就可

以盛飯上菜了!

北鼻岸可以說是瓜地馬拉最具代表性的一道菜,節慶、廟會、結婚、生日,甚至喪禮,傳統馬雅部落都是煮上一大鍋(或是好幾大鍋),以饗親友。

這道菜在 2007 年被瓜國文化部正式列入「國家無形文化遺產」(Patrimonio Cultural Intangible de la Nación),正因為它從史前時期的純血馬雅料理,隨著時代的演進,逐步接納採用芝麻、洋蔥甚至香菜等等歐洲人帶來的新食材,不僅沒有被推入歷史的灰燼,反而成為融和古今的瓜瓜文化代表作。

Lidia 一家人、阿姨、紐約來的朋友跟我一起圍在餐桌前,共享今天烹飪教學的成果。我本來擔心就只一道菜會不會過於寒傖單薄,沒想到北鼻岸意外的飽足而暖心。Lidia 的一對 4 歲的雙胞胎女孩,手握湯匙動作還不甚靈活,仍開心大口吃著。餐桌上歡聲笑語,不管是講英語、西班牙語、國語還是喀克奇奎語,都不重要了。就如同眼前這盤北鼻岸,跨越時空、文化,將曾經的「非我族類」,都涵納成眼前這一盤看似平凡,但卻無可取代的「新經典」。

# 現代
# 馬雅廚房

　　瓜國有一家排入拉美 50 的高級餐廳 Sublime[4]（2023 年排名拉美第 24，瓜國第 1），為慶祝瓜國獨立建國 200 年（1821 至 2021 年），推出「考古人類學美食套餐」。藉由依次呈現的 12 道菜，帶領饕客從史前時代，乘著時光機依序歷經馬雅古典時期、西班牙殖民，再逐漸步入近代。

　　記得我跟朋友去品嚐這考古人類套餐時，服務生充滿熱情地跟我們解釋這套菜單是由主廚 Sergio Diaz 與瓜國國立聖卡洛斯大學人類學教授一起研發出來的。每次上菜，服務生都詳詳細細地介紹時代背景、食材、菜單設計的理念等等，他還說，有一次某客人問了一個問題他答不出來，他馬上就打電話給教授求助，來個即時連線解答，真的超級敬業啊！

　　以第三道菜 Valle de Motagua（Motagua 河谷）為例，用

---

[4]　12 Calle 4-15, Cdad. de Guatemala 01014，https://sublimerestaurante.com/

Motagua 河流域的食材,像是河蟹、胭脂蟲油,加上炒野生莧菜及龍葵、蛋黃果泥(蛋黃果原名 zapote,我們台南鄉下又稱它仙桃)堆疊而成。第四道菜 Las Verapaces 則是西班牙人初期跟馬雅人短兵相接的地區 Alta Verapas 及 Baja Verapas 為主題,主廚用 Cobán 有名的辣椒做紅醬,火雞配玉米餅跟炸龍鬚菜跟薯條。

馬鈴薯、木薯、玉米、菜豆(紅豆、黑豆)、南瓜、火雞、番茄、辣椒、佛手瓜以及可可,這些都原產於美洲大陸上的食材,今日已是全世界餐桌上常見食物。在哥倫布大交換之前,僅限於美洲當地人可以享用。你可以試著想像莎士比亞一輩子沒見過烤馬鈴薯、達文西有生之日從未嘗過番茄紅醬義大利麵嗎?

馬鈴薯、玉米、南瓜、蕃茄、辣椒原產於美洲,洋蔥、柑橘、西瓜、高麗菜則是來自歐亞大陸,如今已全球化不分國界了

相反的，大蒜、洋蔥、雞肉、豬肉、牛肉、香菜、柑橘、檸檬、小麥麵粉這些原生於歐亞大陸的食材，也是16世紀以後隨著大航海時代展開，才陸續登場傳入美洲大陸。讓瓜瓜國聞名世界的咖啡跟蔗糖，居然也是18世紀以後才被引進種植在這塊土地上。

吃完那一餐飯，我恍然大悟，今日你我餐桌上的「日常」是多麼地得來不易。每一樣食材，都是歷經數千公里的跋涉，跨越數百年的流轉，才慢慢地成為你我生活中不可或缺的一部分。

如果你對馬雅食物有興趣的話，在首都一區還有一家有趣的餐廳值得一試，叫做「Pu小姐的廚房」（Cocina de la Señora Pu）[5]。Pu小姐是真正的「廚房裡的人類學家」，她在做人類學博士研究時，試著從飲食文化脈絡去爬梳馬雅文明的軌跡，最後索性開一家餐廳。

我們造訪這家餐廳的時候，發現菜單有如無字天書，有看沒懂。Pu小姐極有耐心的一道一道跟我們說明解釋。我問她，這些菜式都是照族裡祖傳食譜做的嗎？她說，其實她從小就喜歡做菜，常常跟在祖母跟媽媽身旁邊看邊學。投入人類學研究之後，更是找到許多馬雅傳統菜餚的歷史文獻。但是這些都是她料理的基礎與養分，她依據自己對食物的敏銳度，賦予這些馬雅菜餚新的詮釋。

---

[5] 6A Avenida A 10-16 Zona 1, Cdad. de Guatemala 01001，https://www.senorapu.com/

可可醬豬排

我試了可可醬豬排（Jok'om de cacao），上面淋了黑白兩色的醬汁，乍看之下像是現代藝術品。切了一小口入口，白醬有種玉米漿混合果乾的甘甜味，黑醬則是無糖的可可，加上一些說不出名字的辛香料，跟脆爽的豬排很是對味。

她的馬雅烤肉（Rax jok' / Asado maya）也很特別，據說這道菜原本是傳統婚禮上才吃得到的菜餚，烤肉搭上帶點辣味的番茄醬汁，醬汁是一定要用傳統石杵臼磨，不能用食物調理機取代，Pu小姐堅持兩者風味大不相同。

馬雅烤肉

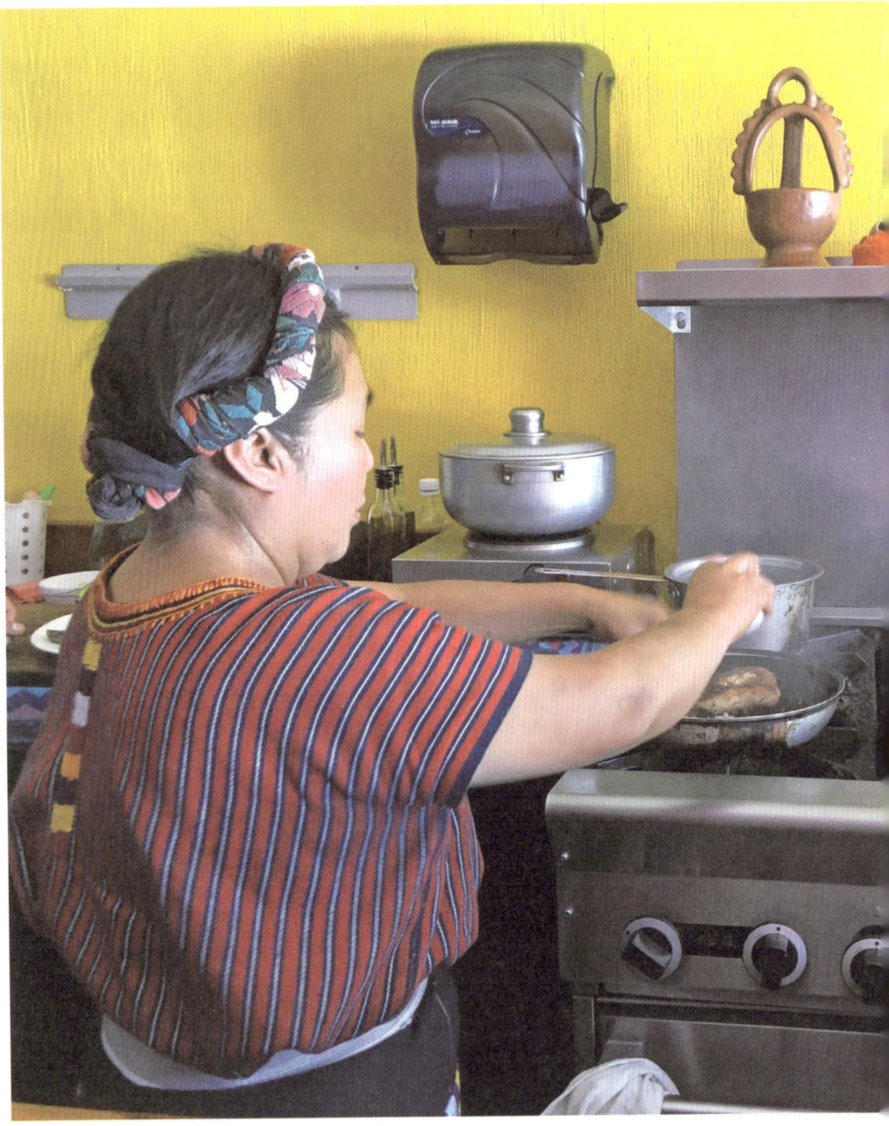

CHAPTER 2
舌尖上的瓜瓜國

　　Pu 小姐廚房的網站首頁，嚴肅地闡述了她創設這一間馬雅廚房的初衷與理念。她說到，她的廚房不是所謂「瓜地馬拉餐」或「中美洲風味餐」，是藉由食物來提醒世人，這精巧美味的馬雅料理，並非殖民者傳入或授予馬雅人的，而是如同馬雅傑出的建築、科學及藝術一樣，是千年以來未曾消失的馬雅文明與智慧，更是馬雅民族頑強對抗殖民的具體表徵。

　　這廚房裡的人類學家，還有一個小趣事：Pu 小姐是瓜國西部的 K'iche' 族人，身著傳統服裝頭纏五彩織帶，如果你跟我一樣坐在吧台就會發現，爐台前來回忙碌的她，腳下其實踩了塊棧板才勉強可以跟我們視線平視，身高應該只有 140 公分 Pu 小姐是道地的馬雅人，無誤。

# 飄著咖啡香
# 的土地

說到瓜地馬拉,許多人一定對安提瓜、薇薇特南果的咖啡不陌生。幾乎要跟瓜地馬拉畫上等號的咖啡,事實上是18世紀中葉時才被引入。19世紀初,瓜國賴以為生的大青(indigo)、胭脂蟲(cochineal)染料產業,因為人工化學染料的發明,遭到嚴重打擊。瓜國政府為了挽救國家經濟,輔導國內產業轉

咖啡花的香氣近似茉莉或橙花,清新淡雅還帶微微甜味

型，大規模鼓勵農民轉種咖啡，瓜地馬拉的咖啡時代這才正式揭幕。

時至今日，瓜地馬拉是全世界第九大咖啡生產國（2023-2024 年咖啡產季）佔全世界產量 2%，更是台灣 12% 的咖啡來源。我自己也是瓜國咖啡的忠實粉絲，尤其喜歡薇薇特南果產區的咖啡，它有非常清新明亮的果酸，明顯的花香味，尾韻還會回甘，是我到咖啡店必點的單一產區精品。

瓜瓜國咖啡到底為什麼特別迷人呢？

咖啡果實又稱 coffee cherry，果肉帶有甜味

瓜國有 300 多個微氣候帶，有熱帶雨林、霧林帶，甚至 4,000 公尺以上的高海拔山區，賦予咖啡不同的風味。瓜國 90% 的咖啡產區都在海拔 1,300 公尺以上的山區，就像我們台灣人喜歡高山茶，因為高山茶風味細緻香氣足；高山咖啡也是因為高冷地帶生長速度較慢，咖啡豆質地相對較硬，咖啡酸質會更高、香氣及風味更豐富。

瓜國還有一個得天獨厚的加分點，那就是她有好多座活火山，時不時從天而降的火山灰，為咖啡樹補充稀有礦物質。瓜國也非常盛行「林蔭下咖啡」（bajo sombra），所謂的林蔭下咖啡，就是將咖啡樹栽種在林隙間，可以避免陽光直曬，讓咖

一棵咖啡樹一季約可採收 1 公斤的果實,處理完約莫是
1 磅的咖啡豆

啡果慢慢成熟。雨季的時候,可以保護土壤避免過度沖刷劣化,乾季的時候也可以保持良好的濕度。此外,跟不同的樹種共生,有助於土壤固氮涵養土壤肥力,無需過度施肥。

## 瓜地馬拉國家咖啡協會

在瓜國有將近 3% 國土是咖啡園,投入咖啡產業的農戶約 12.5 萬戶,國家咖啡協會(縮寫 Anacafé)[6] 之重要性與影響力自然不在話下。

每年 Anacafé 都會舉辦為期 2 天的咖啡嘉年華,有許多咖啡相關產品的攤位,非常好買好逛,還可以認識許多咖啡達人。嘉年華的重頭戲,則是緊張又刺激的咖啡大賽,是我們絕對不會錯過的年度盛事。

[6] 5Ta Calle 0-50, Cdad. de Guatemala,https://www.anacafe.org/

咖啡大賽包含了咖啡大師、杯測師、拉花、手沖、愛樂壓等等比賽項目，冠軍將代表瓜國參加世界大賽（World Barista Championship，WBC）。比起台灣，瓜國的比賽規模相對小型，每年大概只有十幾個參賽者，台上台下都是認識的人，瓜瓜人又親切，我們在一旁觀賽的人，臉皮厚一點，還可以伸手要裁判喝剩的比賽咖啡來嚐嚐，完全零距離。

　　Anacafé 總部位於首都十四區 Obelisco 廣場附近，建築物前種植著各種重要的咖啡樹品種，還可以走進協會參觀了解一下瓜國咖啡產業全貌，順便採購一些瓜國咖啡豆。如果在瓜國行程實在太匆忙，沒有機會到總部打卡，登機離開瓜瓜國之前，記得繞過去位在機場出境大廳的 Anacafé 攤位，瓜瓜國八大產區咖啡貨色齊全，還提供免費試喝，千萬不要錯過囉！

## 咖啡名店巡禮

**| Cafe Injerto[7]**

　　咖啡饕客一定聽過瓜國精品咖啡產區薇薇特南果（Huehuetenango）。那裡是海拔 1,500 公尺以上的高原，是瓜瓜國海拔最高的咖啡產區。咖啡豆的質地硬，酸甜味飽滿，深受世界各地精品咖啡迷的喜愛。

　　咖啡是當地重要產業，若你在咖啡採收季（11 月到 4 月）造訪這裡，就會發現家家戶戶都在忙著採收咖啡、曬咖啡。而當

---

[7]　9 Calle 15-15, Cdad. de Guatemala，https://elinjertocafe.com.gt/

地咖啡莊園裡，最有名的當屬「茵赫特莊園」（Cafe Injerto）。

這家莊園是世界咖啡評比「卓越盃」（Cup of Excellence，COE）的常勝軍，國際競標也常飆出天價。莊園的名字取自當地一種類似蛋黃果的水果，但有趣的是 Injerto 同時也是西班牙文「接枝」的意思。

原來，阿拉比卡咖啡樹苗很脆弱，葉鏽病或是線蟲都特別喜歡攻擊幼苗的根；羅布斯塔的咖啡樹根系強健，相對較能抵抗這種病菌，但是羅布斯塔豆子品質跟價格都比不上阿拉比卡的咖啡豆。於是，瓜瓜人就想到把羅布斯塔的樹根當作砧木，上面嫁接阿拉比卡的枝當接穗，這樣的人工合成幼苗，既可以抗病，長大後又可以產出優質咖啡。

羅布斯塔跟阿拉比卡接枝的小苗。小苗只有豆芽菜大小，只有手很巧的馬雅女工才能進行這麼精細的手術！

茵赫特在薇薇特南果的莊園並不隨便讓觀光客登門參觀，但是它位於首都的咖啡廳兼門市則是值得一訪的好地方。

這間咖啡店小小一間，不到 30 張椅子，常是滿座，來喝咖啡的、買豆子器材的，本地人、外國人都有，這裡也有各種專業或體驗的咖啡課程，算是蠻專業的訓練基地。

這裡的店員年輕而且熱情洋溢，有一次，我讚賞了店員的

拉花很美，然後順口問他是不是要參加拉花比賽，沒想到還真被我猜中，他馬上再做一杯，拉了一隻馬給我，還告訴我那是他準備要參加拉花大賽的創新圖案。

Injerto 咖啡店員練習拉花比賽的作品

還有一次我碰到了準備參加「愛樂壓」（AeroPress）國內選拔賽的店員，請他用愛樂壓出杯，只見他很謹慎地，在我面前一邊動作一邊解釋他的每一個步驟，從水溫，攪拌到每個階段所需的時間……（完全把我當成是評審的樣子），雖然那些專業細節完全超出我的理解範圍，不過，他的熱情我完全接收到了！

## 12 ONZAS [8]

12 ONZAS 咖啡的老闆 David Solano 是瓜國咖啡師大賽常勝軍，他曾經多次代表瓜國參加世界咖啡大師賽[9]。他的咖啡店位在首都的金融商業區[10]，倚在一間小旅館旁，一樓店面有大

---

[8] 12 ONZAS，店名直譯是 12 盎司，代表著卡布標準杯的容量。4grados norte, 13 Calle 3-57, Cdad. de Guatemala
https://12onzas.com/

[9] David 分別在 2018、2019、2022 代表瓜國參加世界咖啡大師比賽，曾在 2019 年波士頓大賽中義式濃縮項目取得世界第四名的佳績。

[10] 12 Onzas 在第四區還有安提瓜陸續開了分店：Vía 5, 1-75 Zona 4, ciudad capital Guatemala 01004；4a Calle Ote. 5, Antigua Guatemala

12 onzas 的 David Solano

面落地窗、高腳椅，拾階而上，二樓的半露天空間有一個長吧台、座位是鞦韆椅，可以讓你啜飲著冠軍咖啡的同時，還可以盪呀盪地享受都市中難得的偷閒。

我們常常拜訪 12 ONZAS，有一次我們點了兩款單品，沒想到店員只端來一壺，以及一句話：「另外一壺，老闆要另外準備。」不久，David 出現：「這是我們準備要來參加咖啡大師賽的豆子，請幫忙給點意見。」我們受寵若驚，當然連聲說好。

他先給我們磨好的咖啡粉，試聞咖啡乾香。撲鼻而來的除了常見的咖啡味之外，還有許多複雜的香氣，其中有一個似曾相似，卻一直說不上來的味道⋯⋯。

沒多久咖啡沖好端了上來，喝下去驚為天人！這⋯⋯不是咖啡吧？他給我們喝的是杯充滿香料跟水果等等熱帶野性味道的飲料，有肉桂的辣、柑橘的酸、果汁的甜，甚至有草藥的苦青味，衝擊感超強。

我們非常珍惜地啜飲每一滴咖啡，細細品味，我終於想起來那似曾相識的氣味：是肉桂捲！

David 跟我們說這款豆子是他跟烘豆師經過多方嘗試，用雙重厭氧發酵的方式增強咖啡的層次及風味，企圖將咖啡豆的各項風味全部發揮到極致。這樣讓人五感全開的咖啡，也真是讓我們開了眼界，離開前特別再向 David 致謝，這時，他才告訴我們，他招待我們喝的是他手頭僅剩的最後一份比賽用豆，我們真是太榮幸了！果不其然，那年的瓜瓜國咖啡大師比賽，David 再次穩拿冠軍！

## Teco Coffee House [11]

在首都，除了 David 的 12 Onzas 咖啡店之外，還有一間大師店：Teco Coffee House，老闆正是咖啡人都喚他 Teco 的 José Miguel Echeverría。他是 2014 年瓜國 Barista 全國冠軍，曾經去美國咖啡界闖蕩幾年，後來決心回家開一家自己的小店[12]。

這是一間裝潢簡單但充滿活力的小店，甚至有種「家裡沒大人」的嬉皮風，客人還自己跑到吧台工作區沖咖啡，自己端出去喝，或是一群人在輪流玩愛樂壓或手沖。原來這些「客人」很多是其他咖啡店的吧台手，下班或休假過來這邊切磋技藝，或是純粹看到 Teco 太忙，於是捲起袖子幫忙出杯。

Teco 回瓜後，於 2024 年再度拿下瓜國冠軍，代表瓜瓜國參加 WBC 大賽。他也積極培養年輕咖啡師，還不定期舉辦各

---

[11] https://tecocoffeehouse.com/
[12] 他開的第一家店是與 2010 年世界杯測大賽冠軍 Hector Gonzalez 合作，叫做 Cafe Divino，Hector 退出後，就成了現在的 Teco Coffee House 了。

種友誼賽讓大家練練膽識。如果有機會來 Teco Coffee House 坐坐，說不定有機會遇到瓜國未來的咖啡大師喔！

## Cafe Sol, Antigua[13]

位在安提瓜入口的 Café Sol 是一間非常可愛的小店，往往是我們到訪古城的第一站。

它位在老城的太陽巷（Callejón Sol），抬頭望去是常常頂著朵雲的水火山（Volcán de Agua），順著小小靜巷的石板路走，看到古樸雅緻的藍色木門，就知道我們到了！

年輕的老闆 Pedro，是瓜國小有名氣的咖啡師，也是國內賽事的常勝軍，他總是掛著靦腆笑容歡迎我們。Pedro 的家族世代在安提瓜經營咖啡莊園，這間咖啡店用的豆子都是自家莊園或是親朋鄰居的本地咖啡，安提瓜招牌的花香果酸跟餘韻回甘的甜味，自然不在話下，咖啡的香氣十足，甜蜜之外，醇厚度也夠，但並不過分濃郁，反倒是喝完之後有種清爽的感覺。

在這殖民時期老宅裡，享受飽滿而溫暖的陽光，愜意悠閒的氛圍，加上這裡少有喧鬧的觀光客，週末早晨來這裡喝杯好咖啡，簡直是種救贖。

有一次，我們注意到吧台邊埋首筆電的客人，看他筆電外殼貼滿了各國國旗，想必是環遊世界的背包客吧，這在安提瓜頗為常見，不過，那其中有一面是青天白日滿地紅的國旗耶！

---

13　Callejón del Sol #11 Antigua, Guatemala

歐巴桑如我,自然不放過搭訕機會上前攀談。

原來這位 Andrea 是義大利人,在哥倫比亞經營咖啡專業學校,到瓜國來是應當地咖啡產業協會邀請來授課,教授如何經營咖啡店及製作咖啡。

至於為何會有台灣國旗?原來 Andrea 曾受邀到台灣授課,沒想到他迷上了這小島,特別是小島的茶,一待就是 3 個月。他從北到南到處品嚐台灣各地的好茶,還花了 1 個多月在高雄學中文!而他最愛的是「東方美人」、「紅玉 18 號」……還有「牛肉麵」!

我們鼓勵他以授課之名,再去一趟台灣回味他心醉的台灣食物、台灣茶。他笑說說台灣的咖啡店都很強,根本不大需要他去指導啦!

## Cross Road Cafe, Panajachel[14]

多年前我們造訪一家在 Panajachel 的咖啡店,它隱身巷弄不大起眼,老闆 Mike 是個親切的老美,活力十足,手腳不曾停歇下來,同時親切地回應我們一行吱吱喳喳的好奇提問。

Mike 原來是舊金山的上班族,每天過著租屋族通勤上班的日子,但是隨著市中心物價飛漲,他們被迫越搬越遠,通勤的時間越來越長,女兒出生之後,他們驚覺這樣的生活讓他們幾乎沒有時間陪伴女兒成長,於是決定離開,搬到瓜地馬拉的這

---

14 Calle Del Campanario, Panajachel, http://www.crossroadscafepana.com/

I have been the secret room

個湖畔小鎮來,開一家咖啡店。

雖然生意只是馬馬虎虎過得去,但是他可以牽著女兒的手去上學,女兒下課回到家總是可以得到一杯爸爸煮的熱可可配點心,他覺得非常值得。

但是,這家咖啡店的賣點,其實不只是桌上的那杯咖啡、也不是老闆人生大轉彎的故事,而是那個神秘的「密室」。

如果你喝完咖啡後,跟老闆說出通關密語:「我想參觀密室。」老闆就會給你一個會心的微笑,然後走到牆邊的一個書架,呀～的一聲推開書架,裡面居然是個足足有咖啡廳三倍大的烘焙工坊!

密室裡除了烘豆機,牆上密密麻麻寫滿了不同豆子的烘焙紀錄數據,更驚人的是,那一麻袋一麻袋來自瓜國各地咖啡生

CHAPTER 2
舌尖上的瓜瓜國

超有活力的 Mike

豆,堆滿了整間工坊。Mike 如數家珍地跟我們介紹:這袋是湖那邊某個山頭的,這家農場原本都是跟星巴克契作,我老婆跟這位咖啡農的太太變成朋友之後,終於說服他們不要讓星巴克糟塌他們的好咖啡,改賣給我。那一批啊,是 Cobán 深山裡面的農場的,品質非常好,但是交通非常不方便,這些可是用驢子走了 3 天揹下山的啊!

我們聽故事聽得很開心,不僅買了好幾包咖啡生豆準備回去說故事,還買了 Mike 限量訂製的「I've been the secret room」T 恤。Mike 果然是待過資本市場的,真的很會啊!

# 神明食物
## 巧克力

大家都知道巧克力的原料：可可，原產於墨西哥、中美洲一帶，在馬雅及阿茲提克文化中，都佔有非常重要的地位。在馬雅創世紀神話中，巧克力的原料「可可」（馬雅語言 Ka-kaw）是天神 Hun Hunahpu 賜給人類最早的食物之一。

古代巧克力是用喝的，作法是把可可種子烘烤後用石杵碾壓成泥，然後像做印度拉茶一樣，從高處沖入熱水，國王跟貴族喜歡趁著泡沫消失前享用。古代馬雅世界裡，可可飲料非常受歡迎，大多會加入玉米粉、辣椒或其他辛香料，有些會加入香草莢或蜂蜜，也變化出多種口味，綠可可、紅可可、黑可可、白可可、橘可可，還有粉紅可可，花樣之多，跟我們手搖飲很有得比啊！

可可飲也是馬雅祭神儀式中不可或缺的物品，許多壁畫跟陶罐上精細描繪的祭儀現場，都少不了可可飲以及上面豐滿的泡沫，因此可可也被馬雅人稱為神明的食物。

可可神

據說，權傾一時的阿茲提克王Monteczuma，面對數百道菜的豐盛宴席沒啥胃口，只一心等著主菜撤下去之後，豪飲可可，簡直就是不吃飯只想喝手搖飲的屁孩嘛。

可可不只地位重要且廣受歡迎，可可豆的價值還可比擬黃金白銀。據考古學家查證，馬雅婚禮中，新郎新娘不是交換金戒指，而是交換五顆可可豆以為誓約。可可豆也是古代通行各地的貨幣，1545年，1顆可可種子可以用來交換1個玉米粽或是1顆大番茄，2顆可可豆可以交換1顆雞蛋，30顆可以換1隻兔子，1隻火雞或是1個奴隸則是要價100顆可可豆（奴隸跟火雞一樣價格？火雞是會幫忙種玉米跟磨可可豆嗎？）。既然可可種子那麼值錢，當然就有人做「偽幣」仿冒啦。當時有人就用碎酪梨核加蠟，捏成可可豆的形狀，外面再黏上可可的種皮，甚至裝入可可果果莢裡，魚目混珠。可見沒有什麼「人心不古」，人心古今皆然啦！

說到這，既然可可這麼的珍貴，而且備受王公貴族喜愛，可可飲一定非常的美味吧？

據15世紀首批移居新大陸的西班牙殖民者描述，馬雅人的可可飲其實苦澀且有土味，難以下嚥，但是，習慣了以後會

對古馬雅人而言，可可豆不只是食物，還是交易的貨幣

發現喝了精神百倍，而且有飽足感。馬雅勇士喝了個個不用吃飯仍驍勇善戰，加上馬雅人深信可可能消除疲勞、強心健體、促進血液循環，還可治療消化疾病、平衡身體能量，還有古今男人都想要的耐力、持久及催情等奇效。你說，再難喝，是不是每天還是該來幾杯呢！

　　如果想要嚐嚐古代馬雅可可的滋味，現代馬雅國其實也有一些巧克力工坊，介紹可可的各種知識，例如安提瓜古城裡就有一家巧克力博物館（ChocoMuseo），不僅讓大家認識可可的歷史，介紹可可果跟種子，以及各式傳統及現代巧克力跟可可飲的製作方式及口味。

　　如果還想要進一步用身心靈體驗這神明的食物，瓜瓜國也有各種結合馬雅宗教儀式的可可體驗行程，例如在阿提德蘭

湖畔的聖馬可（San Marcos la Laguna）或是聖胡安（San Juan la Laguna）有些靈修中心，會有薩滿（馬雅巫師）帶領你祈禱跟冥想，搭配傳統音樂跟可可飲。他們認為可可飲具有開啟心靈的神秘能量，讓靈修者能夠專心與觀照自我，更加貼近祖靈及馬雅諸神，釋放情感、修復過往心靈傷痕，甚至可以與宇宙萬物甚至外太空星體發展連結。至於現代可可靈修有幾分靈驗？跟古典馬雅文化有幾分關聯？就由旅人你自己判斷囉！

我本人從小到大就不是巧克力的愛好者，情人節沒有收到巧克力覺得非常鬆一口氣（到底是哪一口氣，沒有仰慕者應該要深自檢討吧）。但是身為瓜瓜國特派員，還是認真地嚐試古典馬雅口味的可可飲，嗯～當年西班牙殖民者所言不虛，需要一點適應期。但是，非常不耐甜的我，不加糖但是添加了辣椒跟辛香料的古馬雅版熱可可，反倒是讓我多喝好幾口，而且不會冒胃酸。古代馬雅人宣稱的神奇療效，果然誠實不欺啊！

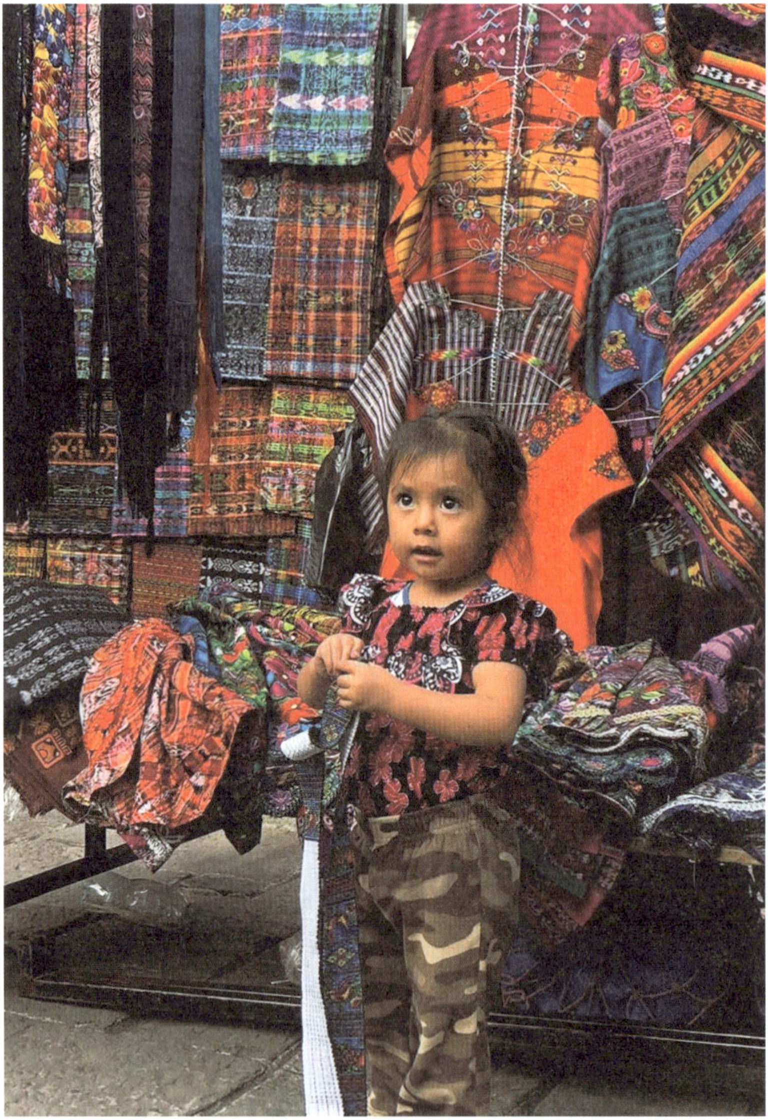

CHAPTER

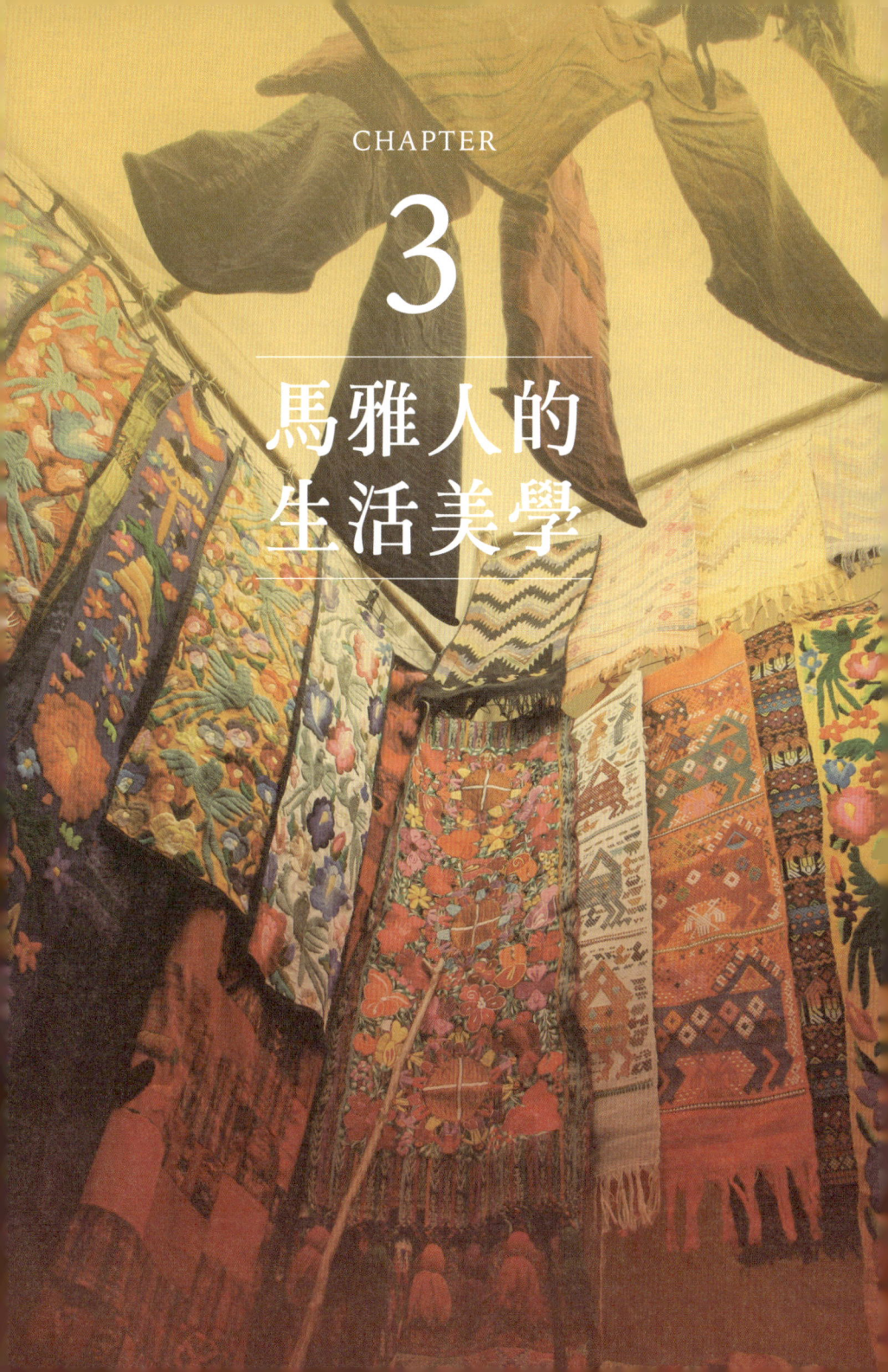

# 3

## 馬雅人的
## 生活美學

# 織女的
故事

　　走進瓜國大街小巷，常常被當地女性身上美麗的手工編織服飾給吸引住，上衣有的是朵朵盛開的花，有的是五彩幾何圖形，下身大多是藏青的窄長裙，配上她們一頭烏亮的長直髮和靦腆的笑容，讓我總是忍不住想拿起相機幫她們拍幾張照。

　　傳統上衣稱作 huipil，發音像是「圍比爾」，裙子稱作 corte「勾爾得」。穿著的方式頗為特別，因為 corte 它不是一片裙，而是將一片將近 5 公尺寬的布，車成一個圓筒，穿的人要站進去那個圓筒裡，把 huipil 上衣塞進裙子，再將兩邊多餘的寬度抓成褶皺，最後用一條寬腰帶束緊就完成了。我曾經嘗試過幾次，我以為那寬鬆的 corte 可以不計腰圍，胖瘦皆宜，誰知阿姊幫我綁腰帶的時候，簡直像是英國古代宮廷仕女穿束腰，纏得我無法呼吸，難怪每個馬雅美女都腰桿挺直、體態優美啊！

　　如果再講究一點的，還會搭配纏頭帶（tocoyal）跟披肩

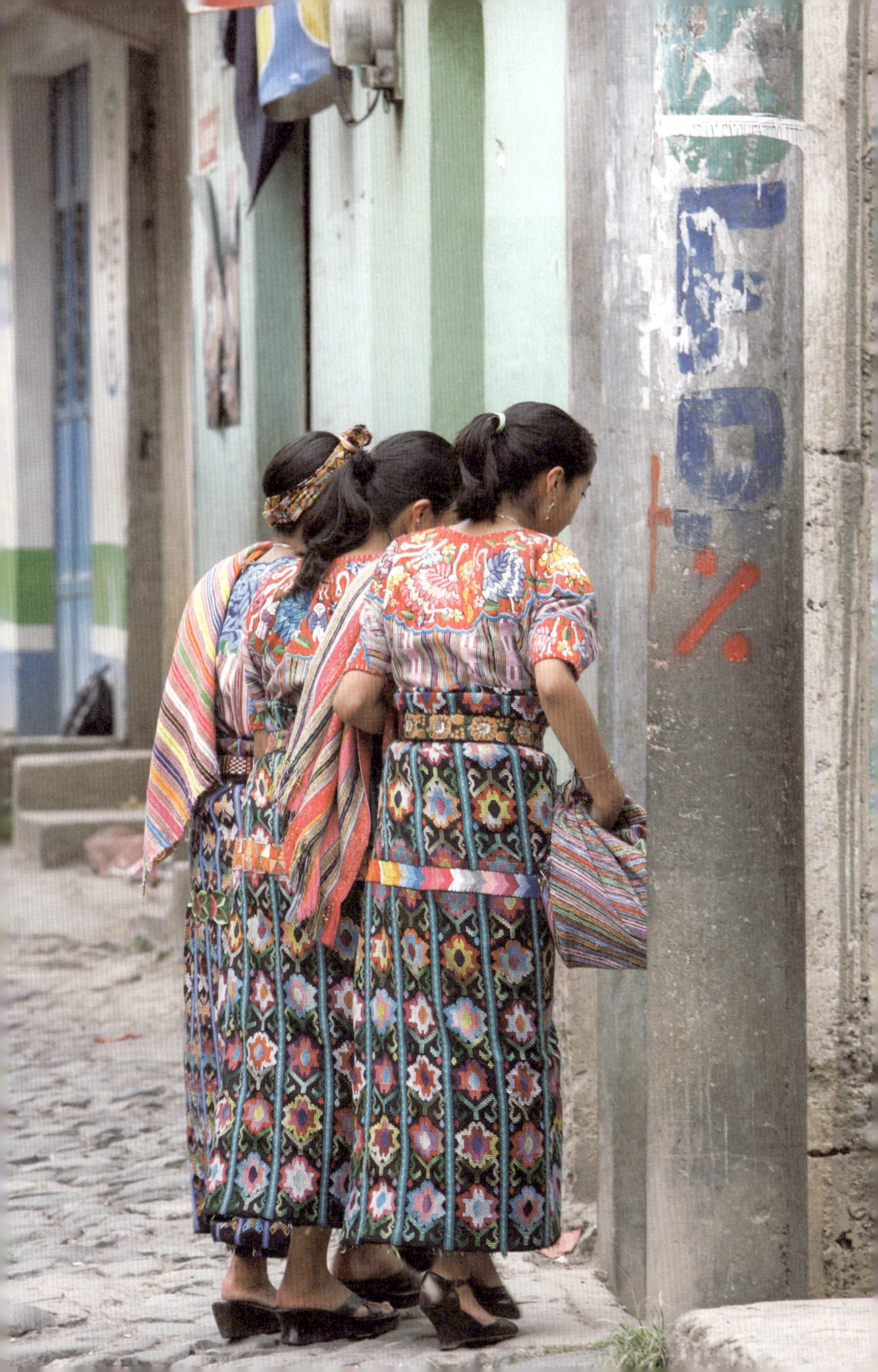

（rebozo）。這樣一整套行頭，如果要用買的，最少也是 1 萬瓜幣（約新台幣 4 萬多元）起跳，可不是開玩笑的。

瓜國各地的傳統服飾都有著不一樣的視覺主軸，例如 Cobán 地區是輕薄寬鬆的白色上衣，在領口點綴一圈又一圈亮眼的小花，Santiago Atitlán 則是藍底的布繡上五彩的花鳥。因此，當你從一個村走到另一個鎮，村民服飾馬上轉換成不同的花紋跟圖案，涇渭分明。可以試著想像，假如一個穿著族服的 Cobán 婦女走進 Santiago Atitlán 的村落，那會是多麼醒目，馬上就被發現是外地人了。因此，衣飾裝扮是各族各村重要的識別及自我認同。

除了自我認同以外，瓜國的織女也把身上穿的衣服當作是傳達訊息的畫布，她們把生活跟文化的元素織進去，例如選用天空或是湖水的藍色、代表先人鮮血的紅色，或是象徵純潔的白色；她們也把對家人跟自己的盼望織進去，織個星星指引方向、織個火山保佑平安、繡個花朵象徵喜悅或奉獻。此外，還有很多跟禮俗相關的圖案，比如公雞表示禮品，因為婚禮前未來婆婆要送 3 隻公雞給媳婦表示祝福；火雞表示盛宴，還分活的跟死的，因為提親的時候男方要開始肥養一隻雞（還活著），等待 1、2

CHAPTER 3
馬雅人的生活美學

年後婚禮時，將火雞交給女方烹煮給親友共享（死了）。

織女也把身上的 huipil 當成圖畫冊，傳承馬雅信仰跟傳說，例如生命之樹，也就是瓜國國樹美洲木棉（Ceiba）。在馬雅創世紀神話 Popol Vuh 裡面，天地是由東南西北四棵 Ceiba 撐起，中間第五棵木棉則是通往地下冥府的通道；雙頭鳥則是告訴世人面向未來的同時不要忘了過去；還有羽蛇神、玉米神、太陽神等等重要的神祇，也都會出現在馬雅婦女的五彩織錦上。

Huipil 還有一個相當於現代社群媒體（FB/IG）的功能，那就是分享最近的心境。如果你看到某人身上織了一隻綠色的蝴蝶，就表示她家人生病，祈求早日康復；未婚少女如果在自己的 huipil 織上一隻獅子，就表示她還沒婚約，公開徵婚；還有更妙的，如果看到某位織女身上繡著蜘蛛，表示這位織女覺得自己跟蜘蛛一樣，忙得沒日沒夜，姊姊真的累！

我也曾經聽過，在殖民時期，原住民運用 huipil 當作暗語的告示板，織上西班牙官府看不懂的訊息，串連起義反抗。還頗有一種中秋節吃月餅殺韃子的慷慨激昂啊！

就如同許多原住民族，織布是婦女必須承擔的傳統使命，織品是則是將傳統文化代代相傳的媒介。歷代的織女們，也把這幾尺見方的錦緞，當作展現她們智慧與想望的舞台。

如果你有機會遇上身著族服的馬雅姐妹，試著觀察一下她們身上的 huipil，搞不好你也可以成功破解她們身上的加密訊息喔！

CHAPTER 3
馬雅人的生活美學

# 緩慢的美

　　瓜地馬拉織布的文化多樣而且色彩繽紛，我非常喜歡。多年前，我們初次造訪 Todos los Santos Cuchumatanes，當地傳統上衣圍比爾（huipil）是採紫色基調配上紅藍紫色系的幾何圖案，很是對我的味。我一如往常立刻鑽進傳統市集裡尋寶，在成堆的二手 huipil 中挑啊選的，終於得手兩件戰利品還成功的殺價不少，興奮地不得了。走到廣場上看見一個女孩子穿得很美，我歐巴桑厚臉皮前去搭訕，看看我買得圍比爾在當地人眼中是否也算好看，順便探聽一下我的是不是買貴了。沒想到這位小姊姊一臉不解地說：「妳為什麼要買二手的衣服呢？為什麼不自己織呢？」我問：妳身上穿的都是自己織的？「當然啊！」那要織多久呢？「喔，因為我家沒地方織，我要去我阿姨家織，所以大概要 3 個月吧！」

　　她說的稀鬆平常，我聽得眼冒金星，「妳是說，3 個月什麼都不做，只專心織布，才有一件衣服穿！」

## 馬雅人的生活美學

回到首都,我決定挑戰學織布。

我沒有織女祖母、母親、阿姨、大姊教我,於是報名了原住民織品博物館(Museo Ixchel del Traje Indígena)的織布課。同學們都是跟我一樣沒有馬雅母姊的外國人,我們從理線開始,再依照想要的配色整好經線,也就是依照布幅寬度編排好垂直的線。再來就是弄好掛軸上下兩端的木棍,以及其他很多我說不出名字跟功能的木棍,然後,過了 8 小時工時,我終於可以開始「織」布了。

我們學的是傳統的腰機織布(Tejido en Telar de Cintura / Backstrap Loom Weaving),織布布幅的前端固定在一根柱子上,後端則是固定在織布者的腰上。用手拿著梭杼來回引線,還要用打緯板用力地把新佈上的線打實,這時,用身體的重量把整塊布繃緊是非常重要的。但是這也就表示,如果織一半想要起來伸懶腰或是上個廁所都是非常麻煩的事,一不小心線就全部亂了套!

還有啊,馬雅人織布是沒有草稿的,一切都在腦海中。如果有特別要織的圖案,就必須認真地數線來決定梭杼是要從經線的上面還是下面穿過,所以完全分心不得。別說跟同學聊天,

連看電視、聽音樂都不可能。這樣的專注下,進度仍是不可思議的緩慢。我的第一個作品,是一塊勉強可以墊便當大小的小布巾,也沒有複雜的圖案,但是它足足花了我 20 小時工時。

我回憶起山上少女跟我說的,3 個月才能完成一件 huipil,我亞洲腦中的算盤噠噠噠地自動撥了起來:當地專心織布的婦女,3 個月生產一件圍比爾,了不起賣個 3,500 瓜幣(約新台幣 15,000 元),這裡最低薪資一個月 3,700 瓜幣都已經是入不敷出,怎麼夠過日子呢?那我呢?只有週末才來上個 4 小時的課,等於我要 180 個週末(3 年半)才能完成一件上衣,那以我的時薪估算,我織好的那件,如果拿來賣,是該賣多少錢呢?

時間換算成價格,在台灣應該是再正常不過的膝反射。

但是,隨著各色棉線一絲一縷經緯穿梭交織,我的作品以每小時以 1.5 公分的龜龜速推進,課堂間一股沉穩的氣息漫延開來,我發燒運算的腦袋逐漸冷靜,一種體悟從心底升起:3 個月對我們是什麼?如果是受薪階級如我,理所當然以月為單位,每月收入是衡量萬事萬物價格的基準線。

在瓜國呢?海拔 1,500 至 2,000 公尺的農村,3 個

CHAPTER 3
馬雅人的生活美學

月可以收成一季玉米;而一件美麗的圍比爾對一個馬雅女人的意義是什麼呢?老師曾經跟我解釋,她們會費心構思織繡的圖案,也會搭配流行配色跟花樣展現設計與創意,用盡巧思,就是要在重要節慶與典禮上展現自我。

所有的投入,就在穿上登場的那天,有了價值。

所謂市場價格,不在這計算之列。

我想,一件自己編織的圍比爾與店舖裡賣的成衣最不同的是,穿在身上的圍比爾是自信、是勳章、是社會認同。就如同有些人花時間與金錢去異國旅遊、去環島、去攻一座百岳,不也是在蒐集勳章?孜孜不倦地上健身房,不也是為了打造理想中的自我嗎?

雖然我手拙眼花,不時算錯針,進2排拆3排,但我不計時間體力眼力成本的投入,只求我的每一條經緯絲線平順,每個圖樣盡可能趨近腦中的藍圖。收穫?大概就是歷經反思、沉澱,而漸漸降溫澄明的心靈吧。

喔!還有,我發誓,我下次去買手工織品的時候再也不會殺價了!

# 棒打
# 皮涅塔

在中美洲國家,生日趴一定不能少的就是皮涅塔(Piñata)。它是一種用紙糊成各種造型的玩偶,裡面裝滿糖果,通常就是吊起來讓人用棍棒打,打到肚破腸流、糖果掉滿地,眾家孩子就一擁而上,爭相撲地撿拾(我承認,這個畫面想像起來不是太文明)。

前一陣子湊巧讀到雜誌在講述皮涅塔的歷史,大意是:很久很久以前,馬可波羅到中國遊歷的時候,看到中國人在慶祝新年時用紙紮了各式動物造型(我猜是元宵花燈吧),馬可先生覺得很新奇就把這個 idea 帶回了義大利,並且影響了鄰近的法國及西班牙。

當時的羅馬教會把這個創意運用在大齋節(復活節前算起 40 天)期間,他們的皮涅塔是拿一個陶甕(義大利文 pignatta 是陶甕的意思),在外面用彩紙裝飾、做成 7 個星芒的星星造型,象徵聖經中的 7 項原罪,甕裡面放滿了水果跟糖果,象徵

引人犯罪的甜蜜誘惑,而人們要用信仰、信念(棍棒),在神的指引下(蒙眼)打破這些罪。

這個好吃又好玩,又能教化百姓、榮耀上帝的活動,真是太有意思了!所以,16世紀福音教會的傳教士來到美洲的時候,就學了這招作為他們招攬信眾的噱頭,特別是吸引小朋友來聽佈道講經,末了來一段蒙眼砸甕,還加上了一些蒙眼要轉33圈,象徵耶穌在世上33年的花招,老老小小玩得嗨森,口袋塞滿糖果回家,開心又滿足。

我說啊,苦悶的中古世紀歐洲,在宗教高強度壓制下,想找點樂子還要用「教化」來包裝偷渡。孰料,這個儀式來到了墨西哥,卻又被馬雅傳統信仰給暗渡陳倉。

原來,墨西哥的阿茲提克文化中,原本就有類似的宗教活動。傳統的阿茲提克人在一年一度的 Huitzilopochtli 祭儀中,就是將祭品裝在陶罐裡面,罐子外面裝飾五彩羽毛,然後在儀式中把陶罐打破,讓祭品淹滿 Huitzilopochtli 神的腳目。後來這個重要的神祇被西方宗教妖魔化,並且禁止任何傳統祭儀。沒想到福音教會「引入」的這個推行基督教教化信仰的活動,奇妙地與阿茲提克傳統祭儀某種程度的相重合,默默地讓 Huitzilopochtli 神,在基督的陰影下存留下來。

補充說明一下這個 Huitzilopochtli,這個神大有來頭,是阿茲提克文化裡的太陽神及戰神。傳說中他降下神諭,哪裡發現一隻老鷹停在仙人掌上吃一隻蛇,那裡就是墨西哥人建國之地!現在墨西哥國旗上還有那隻吃蛇的老鷹與仙人掌呢!

而這個宗教性特強的玩意兒，後來怎麼會演變成庶民慶生的活動呢？

　　據說，近代開始，皮涅塔再度轉化，被用在聖誕節的慶祝活動中，原本象徵7原罪的7芒星，變成引導三王去迎接耶穌降生的5芒星了。甚至後來，還用紙偶做那些馬槽裡佈景人物跟動物，三王啊、小牛小馬小羊之類的。

　　後來的後來，不只是耶穌降生這樣子來慶祝，王公貴族、甚至販夫走卒生日，都可以弄個喜歡的皮涅塔，管它造型是七芒星五芒星，還是皮卡丘冰雪奇緣，都可以用力把它砸得稀巴爛，不需聽人講經說道理，也無須擔心紳士淑女形象，重點是：開心嘛！

CHAPTER 3
馬雅人的生活美學

# 馬雅
# 蒸氣浴

　　Temazcal（德馬斯尬）是馬雅人從古到今都很喜歡的一種蒸氣浴。它跟芬蘭浴挺像的，都是燒熱石頭之後，潑水在熱石頭上製造蒸氣。不同於芬蘭浴室是小木屋，馬雅的蒸氣浴場是圓形石屋，形狀有點像愛斯基摩人的冰屋，建材多是火山岩或是土磚。圓拱形的小屋，入口小小的，以防止熱氣外洩，必須要彎身甚至爬行才能進入。浴場裡有長椅可坐可躺。他們在屋外把石頭燒熱了之後，移入石屋中心的台子上，旁邊準備好一桶水不時地朝發燙的石頭潑水，以製造蒸氣。有時候，還在石頭上堆些尤加利樹葉、迷迭香、鼠尾草等等藥用植物，頓時變成芳療藥浴。

　　對馬雅人而言，蒸氣浴不只是具有放鬆跟保健的功能，還有宗教跟社會等多重意義。

　　馬雅人認為蒸氣浴這樣一個溫暖潮濕的空間就像是母親的子宮一樣，具有重生跟再生，以及淨化靈魂的功能。許多傳統

祭儀，尤其是出生的祝福，以及送亡者前往死後世界相關的祭儀，也都會到這裡進行。還有一個很特別的，就是婦女也在這裡分娩，從陣痛開始，產婦就會到這裡待產，濕氣跟溫度有助於產婦放鬆，產婆也會進來協助產婦分娩，產後在這把嬰兒洗乾淨也避免受涼，產婦在這裡清潔跟休息。

　　這裡也是家人平日一起洗澡說說笑笑、聯絡感情的地方。有個瓜瓜原住民朋友跟我說，他大學的時候，有一次搭公車遇到公車搶匪，他因為睡著了，沒發現整車的人正乖乖地配合繳出身上值錢的東西，搶匪不爽，就朝他大腿開一槍然後把他的

吉他搶走。受傷的他到醫院掛急診,醫生看子彈就卡在他大腿肌肉裡面,出血不多,居然跟他說這死不了,然後打發他回家。

他回到家,跟他哥哥兩個一起洗蒸氣浴的時候,他哥哥看了一下他的傷口,就跟他說「你給我 50 元,我幫你把子彈挖出來。」然後兩個人徒手在他的大腿上又推又挖,大概是熱氣讓肌肉放鬆,又或許是祖靈保佑,那個子彈真的給他們推出來了!

馬雅蒸氣浴場果真是重生與再生的地方啊!

今日瓜瓜國仍有很多地方可以給外地人體驗這原住民式的蒸氣浴,像是阿蒂德蘭環湖有些旅館都附設這樣的設備,看是要跟親暱家人聊聊心事,還是幫摯友挖挖子彈(大誤),都是很不錯的選擇。

# 祖督希王國的
# 大戶遺風

　　阿蒂德蘭湖（Lago Atitlán）南邊的大城聖地牙哥（Santiago Atitlán）是古馬雅王國「祖督希」（Tzutujil）的首府，當地民風頗有近似台南府城那種雍容大氣。當地人嫁女兒也跟台南嫁女兒一樣，是有名的慎重厚禮數。據說，第一次見面是由雙方家長出面，由男方長輩帶著村裡耆老到女方家裡提親。第二次登門，未來新郎才可以出現，依據禮俗備好玉米粽、織品跟蠟燭等六禮送給女方，未來的岳父收下禮物之後，會給這位未來女婿 1 年到 3 年的考驗期。這段時間內，未來女婿每個月都得來報到，未來岳父每次會給他一項任務，諸如修補屋頂、協助農作，或是幫村裡做些公共事務，未來岳父藉此觀察這位未來女婿性格跟能力，還有跟家族及村子相處情形，才決定是否把女兒交給他。

　　婚事一旦談定，未來婆婆就得開始養火雞，準備到了婚禮當天，要宰了帶去給女方，由女方烹煮給眾家親友分享。而未

來的媳婦,則是要準備織繡一條給公公的洗面巾。在嫁過去的第一天必須起個大早,打一盆水給公公洗臉,然後遞上嶄新的面巾。

一位當地朋友跟我說,他娶了一位聖地牙哥女兒之後,其實考驗才正要開始。因為當地十分重視穿著,男士看褲子腰帶講究程度,女士看上衣繡工,據說,當地人一眼就可以看出眼前這位穿的是哪一家的繡工流派,大約市值多少錢。而且,一年四節(復活節、主保神日、萬靈節跟聖誕節)都得穿新衣服亮相,要不然就無法「佮人徛起」。他太太為了張羅這門面,好不容易花2、3個月織好一件衣服,過完節慶後,馬上得要投入籌備下一件,如果不自己織,去買一件也是動輒3,000到4,000瓜幣(相當於新台幣12,000到16,000元),這對小夫妻實在負擔不起。2、3年後,就決定搬離聖地牙哥,到偏遠一點小村子,這才終於得以喘息。

聖地牙哥也是瓜瓜國少數男士們也身著傳統服飾的地方。

這裡的男人都身穿繡滿了五色禽鳥的五分褲或七分褲,端看繡花圖案是三層、五層還是七層,就可以輕易辨識出這位男士的社經地位。有一次,我跟老公在聖地牙哥街頭閒逛,正在討論著要不要也給他買一件五彩「鳥」褲,突然看到一位氣度不凡男士穿的鳥褲非常雅緻有型,厚著臉皮上前搭訕,問說哪裡買得到他身上穿的這件呢?他斜眼看我倆一身寒傖樣,丟下一句:你們買不起吧!

我們被酸得有點不甘心,找了一處店家詢問那種五層鳥的

褲子要幾多錢呢?店家說:「看手工好不好啊?一般般的話,大概要 8,000 瓜幣吧!如果講究一點,1 萬多應該跑不掉」。

一萬瓜幣可是 4 萬台幣啊!罷了罷了,原來我們被看扁也是應該的(垂頭)。

CHAPTER 3
馬雅人的生活美學

# 天降夜市

　　有一次我們跟幾位朋友要從 Panajachel 開車前往到 San Lucas Tolimán，仗恃著有當地人當司機還有 google map，於是我「假（勢）」地不走省道，而是繞些鄉間小路，沿途到環湖的兩個小村（Santa Catarina Palopó 以及 San Antonio Palopó）逛逛瞧瞧。哎呀，小村風情總是比較有趣的嘛！

　　但是我忘了，這裡是瓜地馬拉不是台灣⋯⋯。

　　沿著窄小單線馬路往前奔馳，鄉間小路幾乎沒有路肩，右邊陡坡直下約 100 公尺就是阿蒂德蘭湖畔，左邊則是山壁。

　　到 Santa Catarina Palopó 時，夜色初籠罩大地，我們看著家家戶戶陸續點亮燈火，映照著湖面藍紫色薄霧，如夢似幻。我們正開心地覺得：走小路果然別有收穫！誰知就在這當兒，狹窄的鄉間小路，突然被橫空冒出來的夜市攤販給整個佔據了。我們頓時傻眼！

　　但是，路就這一條，我們又是驚慌又是尷尬，已沒有回頭

路,只得開大車逛夜市一樣的,硬是從滿街馬雅遊人跟攤販中龜速推進。

車子照後鏡都要打到煮玉米攤了,搖下車窗的話,巧克力蘋果都要滾進車裡來了,沿路老老少少的路人幾乎用他們身上的衣服幫我們擦車了,滿街熱鬧歡樂的音樂大把大把地流進車裡,我們心裡卻只有忐忑。

好不容易逛完小吃攤,再往前開,居然還有各式遊樂園設施。小小雲霄飛車在前方幾乎佔了整個車道,米奇小車車從我們擋風玻璃前急轉彎呼嘯而過,再前行,一座閃著七彩霓虹燈的摩天輪,居然矗立眼前,摩天輪轉下來一對又一對的馬雅情侶盯著我們看,我們也是目瞪口呆。

夜市摩天輪

好不容易穿越那不思議的天降夜市後,在回復寧靜與漆黑的馬路上,我們一行仍未從剛才的奇幻景象中平復:「這是真的嗎?是夢吧?該不會是馬雅版魔神仔夜市吧?」司機突然猛地停下車,遠光燈照在前方大塊大塊的落石堆上。柏油路面就這樣嘎然而止。這時,後方有台嘟嘟計程車載著乘客過來,

## 馬雅人的生活美學

也停了下來。我跟著下車。

我問,「是坍方嗎?過了這段落石區就可以繼續接上 11 號省道嗎?」

嘟嘟車司機說:「這不是落石啊,預算不夠,所以馬路修到這就停了。再往前都沒路。」我頓時呆了,「可是地圖上有路啊?」嘟嘟車司機一臉木然完全不理我,而嘟嘟車上的乘客則是拿起背包下車,毫不遲疑地跨過石堆往前走。我趕緊攔住他:「不是說前面沒路嗎?你要去哪裡?」他答到:「我家在前面大約 2 公里,我要回家啊!」

天啊!沒辦法,我們只能回頭,乖乖循原路回去 Panajachel 找我們的省道。

車子再度行過七彩摩天輪腳下,再次閃過米奇小小雲霄飛車,再次擦過馬雅遊人的美麗的衣裙,再次挨著剛才差點掀翻的玉米攤,我厚起臉皮搖下車窗,「來兩根瘋狂玉米(elote loco),番茄醬跟起士粉多一點!」

# 雪谷的
# 黃色小教堂

　　在 Totonicapán 的觀光景點不多，但聖安德烈雪谷（San Andres Xecul）有個可愛的小教堂非常有特色。如果用米其林星星來評鑑，我會給它兩顆星：「值得繞道前往。」

　　San Andres Xecul 是座位於海拔 2,445 公尺高原上的農業小鎮，3 萬多人口中，99% 是基切族（K'iche'）原住民。這個小鎮實際上是西班牙殖民時期的人造村落。原本基切人散居在高原上，傍著自家玉米田而居，但西班牙殖民政府為了便於管理，將周遭村民全部集中到此建村，稱作 Reducción。

　　這個小教堂到底有什麼特別？就是太可愛了！

　　教堂正面山牆底色是明亮的鮮黃色，代表著馬雅人的生命來源──玉米。山牆上熱熱鬧鬧地畫滿各式人物、花草、水果和動物，約有 200 個大小圖樣。主要人物當然有本地主保神聖安德烈及其他天主教聖徒，他們都身穿藍色衣服，披上紅色披肩，與電影超人是同一系列的打扮。

CHAPTER 3
馬雅人的生活美學

　　整個山牆遍佈許多天使，與歐洲教堂裡打赤腳的小天使非常不同，這裡的天使多數穿著靴子或襪子，有的倒栽蔥，有的被食人花吞噬，高舉雙手像在喊救命。還有兩個人搭肩而坐，中間放個大陶壺（陶壺裡裝的八成是酒，這麼嗨！）。有些小天使兩腳間突然冒出一個貓頭，簡直是亂來！往高處看，還有兩隻美洲豹扶著一個白底黑點柱子，露出尷尬而不失禮貌的微笑。

　　據說這個教堂因為沒有常任神父，所以當地居民就用自己的品味、文化和習俗來裝飾它。這風格確實有一種家裡沒大人的感覺，很自由發揮！

　　以上是我不負責任點評，其實這些看似隨意的裝飾蘊含

深意。建於十七世紀的雪谷教堂是天主教與馬雅傳統信仰融合的典型，坐在屋簷上凝望天空的人物，代表他們在等待 11 月的風，這正是慶祝主保神聖安德烈阿伯斯鐸（San Andres Apóstol）的時節。大量的鮮黃色與紅色各有象徵：黃色代表生命的來源玉米，牆面上還可以看到玉米穗；紅色則象徵日出，以及祖先捍衛家園時揮灑的鮮血；美洲豹是馬雅信仰中權威及力量的象徵。教堂的圓形拱頂漆上紅、黃、藍、綠，遠看像小朋友的皮球，象徵馬雅蹴球。

如果繼續往村後的山丘上走，會發現另一個迷你黃色教堂——Calvario 教堂。這種教堂通常是給亡者停靈的地方，與主要教堂東西相望。舉辦告別式彌撒時，棺木會從位於西邊的 Calvario 教堂往東移往大教堂。

在雪谷的 Calvario 教堂旁邊，有一處馬雅祭壇。我們恰好遇到一位祭司在為村人舉行儀式，口中唸唸有詞，將白色和紅色的蠟燭、雞蛋、香料等祭品放到祭壇焚燒。原來這位村人的家人生病，請祭司協助舉行祭儀，祈求祖靈保佑早日康復。

馬雅信仰中，不同顏色的蠟燭具有不同意義：白色代表淨化、和平；紅色象徵生命與力量；黑色是死亡及冥府；黃色代表太陽及玉米；綠色則象徵大自然及成長。祭品也各有功用：祭儀開始要用蜂蜜在祭台上畫圓圈及東西南北四角，再寫上祈願人的納瓦爾符號（Nawal）；松脂、乳香等香料產生香氣和煙，將訊息傳達給天上的祖靈；雞蛋能去除負能量；芝麻可以祈求財運；甜麵包可以中和生命中的苦澀；肉桂能保佑關係和諧；

CHAPTER 3
馬雅人的生活美學

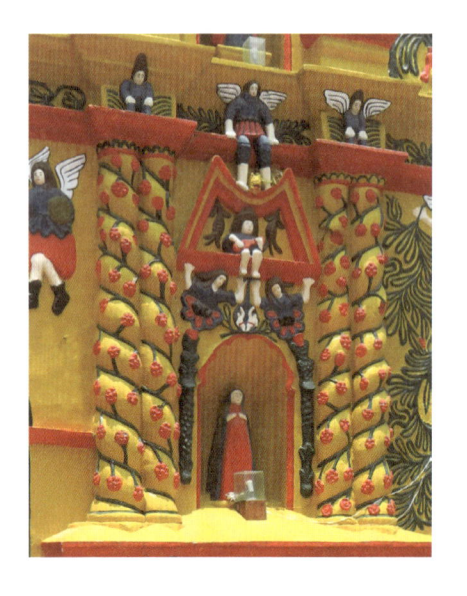

迷迭香用來指引道路，保佑旅人平安。

我們靜靜看完儀式，緩步下山。教堂前的市集已經收市，一位女士牽著一頭豬，一路追問我們要不要買。大概是賣不出去回家無法交代，把我們當成最後的希望了。

11月30日是聖安德烈德雪谷一年中最熱鬧的一天。教堂會將主保神聖安德烈阿伯斯鐸的聖像抬出來遊行，原住民選美皇后也會跟著出巡。更精彩的是馬雅傳統慶典中的音樂舞蹈表演，以及刺激的走鋼索表演。我們無法躬逢其盛，實在太可惜了！

離開雪谷的黃色小教堂時，我忍不住回頭多看了幾眼。這裡的一切都像是一場奇妙的夢境──超人裝扮的聖徒、被食人花吞噬的天使、喝酒的小天使和微笑的美洲豹。這大概是我見過最不按牌理出牌的教堂了！若有機會再訪，我一定要在11月慶典時來，順便看看那位賣豬的女士是否還在。畢竟，在這個色彩繽紛、充滿魔幻的地方，就算買頭豬回家也不會太奇怪吧？

CHAPTER

4

瓜地馬拉
超精彩

# 好買好逛的
# 中央市場

要了解瓜瓜國的人們如何生活，最快的方法就是走一趟他們的傳統市場。無論是食、衣、住、行，還是文化風俗，市場都是觀察在地生活最直接的窗口。瓜瓜國各地都有風格鮮明的傳統市場與市集，而位於首都的中央市場（Mercado Central），更是集結全國特色商品於一地，是認識瓜國文化的最佳起點。

中央市場位在瓜地馬拉市一區，擁有超過 150 年的歷史。雖然建築本身只有三層樓，但裡頭藏著超過 800 家商家，販售的商品應有盡有，從新鮮蔬果到皮革服飾，從手工珠寶到各式小吃。這裡不僅熱鬧非凡，更是個讓人「看不完、吃不完、買不完」的好地方！

有趣的是，中央市場本來的設計蓋一座三層樓的建築，但是後來發現會破壞旁邊瓜京主教座堂的天際線，於是藍圖大改，形成特別的下沉式建築。從街邊拾階而下，首先來到是中央市場的「三樓」，也就是販售手工藝品的區域。再往下走是

CHAPTER 4
## 瓜地馬拉超精彩

市場二樓,是生鮮蔬果、熟食攤、鮮花跟花器的賣場,最下面一層則是以販售日常用品為主。

對旅人而言,最吸引人的是手工藝品店家集中的三樓。這裡集結了來自全國各地的木雕、陶藝、油畫、錫雕與織品,每家店都好逛、每樣東西都新奇,每次造訪都像掉進愛麗絲夢遊仙境,讓人忘記時間的存在。

我最常流連忘返的是幾家結合傳統手織布、皮革與現代設計的鞋包店。瓜地馬拉的織工細膩、用色大膽,許多店家會把

木雕面具

貓頭鷹造型瓷杯

陶製熏香爐

孔雀木雕

Jasper 織品

傳統女性上衣——Huipil 的花紋，融入包包、涼鞋與皮夾的設計中，兼具質感與民族風，令人愛不釋手。

我也特別喜歡一種叫 ikat（當地稱 Jasper）的織品，它可不是織好布匹再拿去染上圖樣，而是將棉線一束一束紮好，精準計算綁染的位置，分別染好後，再排列去編織，是極為精巧費工的藝術品。我偏愛以天然大菁（Indigo）染成的深藍色系 Jasper 襯衫，低調雅緻又極富當地特色。

在瓜地馬拉，貓頭鷹象徵智慧與避邪，也是熱門的工藝品造型。買個貓頭鷹造型陶器送朋友，或是擺在家中都很合適。而玉石更是馬雅文化中的珍寶，象徵生命與重生。

瓜國出產玉，多是顏色墨綠的硬玉（Jadeite），許多藝品店可以幫你找到你的馬雅占星符號納瓦爾，刻在玉石墜子上，製作一個專屬你自己的守護吊飾。

瓜國還有一種很可愛的小工藝品——解憂娃娃。這些迷你

娃娃有的甚至比牙籤還小,穿著五彩織衣。這娃娃的原型是一位傳說中的馬雅公主,名喚 Ixmukané,她從太陽神那裡得到一種超能力,能替人分擔煩惱。只要在睡前把心事告訴她,放在枕頭底下,一覺醒來她若不見了,就代表她已經帶著你的煩惱一起遠走高飛啦,是不是很療癒呢?

說到我在市場裡買回家的「戰利品」,朋友笑稱我家像珍奇動物園。我家的雙頭豹板凳,兩隻豹一左一右,都咧著大嘴衝著人笑,椅面還畫滿五彩花草、蜂鳥,往家裡客廳一擺,馬上成為鎮家之寶,力量與氣場都足。我家餐廳一角有一隻與馬雅女性身高齊高(140公分)的孔雀木雕,表情像極了動畫電影天外奇蹟裡面那隻巨鳥凱文,牠睜大圓眼、張著嘴,幾乎都聽到牠發出嘎嘎嘎的叫聲呢,我還另外買了一隻 Baby 孔雀陪牠,我每天看著他們倆,都忍不住想要起身旋轉,「吧拔吧拔芭芭芭」地唱起來了!如果沒辦法像我一樣誇張,也可以買一對葫蘆沙鈴(chinchines),沒事搖一搖,馬上製造出森巴嘉年華的熱情拉丁氣氛。

來到中央市場,不妨暫時拋開理性與計畫,讓自己被色彩與故事吸引,帶一小方馬雅魔法回家吧!

# 國家文化宮

瓜瓜國是總統制的國家,每屆總統任期 4 年,不能連任。總統辦公的地方是位在首都一區的國家文化宮(Palacio Nacional de la Cultura)。

文化宮於 1943 年落成,是當時的獨裁總統烏維科(Jorge Ubico,1933-1944)任內興建完工的。正因為他是獨裁總統,設計施工都非常大手筆,當然也處處充滿了他的個人偏好。譬如說,這文化宮裡外都是淡綠色,被戲稱為「大酪梨」(Guacamolón),就是因為當時第一夫人 Marta 最愛的顏色是綠色。工匠煞費苦心地將混凝土拌入硫酸銅等礦物,就是要讓整個建築每個角落完美呈現出淡綠色。這對夫妻還對於「5」這個數字深深著迷,因為 Jorge、Marta 都是 5 個字母,所以文化宮正面的拱門跟窗戶都是 5 個,綠色這個字的西班牙文是「verde」也是 5 個字母,而字首的「V」也是代表著羅馬數字的「5」(真的很莫名奇妙)。烏維科總統還堅持要把全國公路起點「0 公

上｜整修完成後的文化宮風華再現

下｜和平中庭常常舉行各式重要活動

里」放在文化宮，象徵瓜國權力及國家的中心。而且，整個文化宮有 350 個廳跟 700 多扇門，每個門把上都有烏維科總統的指紋，控制欲十足。

因為工作的關係，我經常進出這棟典雅美麗的歷史建築，小至日常洽公、餐敘，大至新任大使向總統呈遞到任國書、元首國事訪問，或是 4 年一次的瓜國總統就職接受各國代表團慶賀，都是在這裡舉行。

文化宮的接待廳（Salón Recepción），因為有一面超大的國旗，所以又被稱為國旗廳（Salón de Bandera），是各種重要儀式的典禮會場。有一次，我跟同事負責進洽新任台灣駐瓜大使呈遞到任國書，我們跟著瓜國禮賓官就是到國旗廳去做預演。瓜國不愧是當年西班牙中美洲殖民總督府所在，禮賓儀節非常繁複而慎重其事。在偌大的廳，我們跟著禮賓官一起數著腳步：走 5 步之後，稍事停頓，向站立在台上的瓜國總統行扶手禮致意，接著再走 4 步，對齊右邊第一根柱子，轉身斜向左邊 45 度準備步上台階……。且不論這些儀式性的官樣文章，瓜國禮賓官員也非常貼心地歡迎大使的夫人帶著 4 歲稚女一同參加，見證這重要時刻。甚至在儀式當中，因為小朋友實在是被無聊的儀式搞得沒耐心了，馬上就有一位瓜國大姊姊，牽著小朋友的手到外面走廊逛逛，會後的香檳祝賀，也貼心的幫小朋友準備了果汁跟點心。

國旗廳的正上方，是一個重達兩噸半的水晶吊燈，燈上有 4 隻鍍金的國鳥鳳尾綠咬鵑。謠傳，直到今日，文化宮的工作

人員會在無人的深夜，發現那水晶燈會自己不明原因的擺動，那4隻國鳥的眼睛還會發出神秘光芒，還有人聲稱看過烏維科總統的幽魂在走廊上遊蕩呢！

　　文化宮還有一個很值得參觀的廳就是國宴廳（Salón Banquetes）。重要儀式前，等待進入國旗廳的賓客通常會先被引導到廳裡稍事休息等候。這個廳有一整排非常精細美麗的彩繪玻璃，分別刻畫烏維科總統認為民主政府良治的十大美德：進步、和平、勞動、自由、法治、誠信、和諧、秩序、勤學、力量。這個廳還可以通往一個總統露台（Balcón presidencial），是烏維科總統設計來發表演說，並且接受人民歡呼擁戴的地方。孰料，就在文化宮落成不到8個月，全國人民反抗暴政革命起義，

抵任大使呈遞到任國書預演

CHAPTER 4
瓜地馬拉超精彩

烏維科被迫下台,這個總統露台轉身變成人民反抗組織宣布獨裁政權倒台、人民勝利的歷史舞台。

文化宮有兩個中庭,其中「和平中庭」(Patio de páz)是辦理軍禮校閱三軍的地方。台灣總統歷次到訪時,都會在瓜瓜國總統陪同下,共同校閱像胡桃鉗玩具兵一樣的瓜瓜國三軍儀隊,兩國重要內閣官員則在兩旁列席觀禮。軍禮後,通常也會有一個更換和平玫瑰(Cambio de la rosa de la paz)的儀式。

1996年12月29日瓜國政府與游擊隊在文化宮簽署和平協議,象徵著長達36年的內戰正式結束了。內戰終結隔年,和平委員會在中庭設置了一個和平銅雕,是兩隻左手、掌心朝向天空。為什麼是左手呢?因為左手最靠近心臟,而自由與和平的追求與想望,都是從心出發的。為了提醒世人這和平得來不易,和平委員會日日都要在雕塑的掌心置換上一朵新鮮的白玫瑰。歷任訪問瓜國的台灣總統,包括陳水扁、馬英九跟蔡英文都曾受邀更換和平玫瑰。

瓜國外交部的禮賓官跟我說,他每次要辦這個更換和平玫

由兩隻左手組成的和平紀念雕塑及每日更換的和平玫瑰

瑰的儀式時,都非常心驚膽跳。因為那個雕塑掌心非常光滑,很難找到支點把一支赤裸裸的長柄玫瑰固定住。而每次各國元首高層來進行更換和平玫瑰儀式都是非常莊嚴肅穆,如果玫瑰一下子沒固定好,突然滑落地上,豈不糗大。所以他們會事先在雕塑的掌心貼個膠帶什麼的止滑,但是還是忍不住在心中默念:「不要滑下來!不要滑下來!拜託!」

撇開烏維科總統的個人風格,這文化宮仍然非常值得細細參觀。文化宮風格採用西班牙的銀匠式建築風,是 20 世紀初西班牙流行的建築風格,承接哥德式及文藝復興,甚至融入一點摩爾人及倫巴底風格,有繁複裝飾的拱型、亮麗釉彩的青花磁磚、精細的雕刻牆面、鑄鐵窗花以及多處的噴水池。扶階上樓,馬上震攝你心魂的是連幅的巨幅壁畫,第一幅是《天諭》(*El Mensaje*),描繪馬雅創世紀「波波烏」(Popol Vuh)故事,《唐吉柯德》(*El Quijote*)則是向偉大的西班牙文學家致敬,《衝突》(*El Choque*)是描述西班牙征服者 Pedro de Alvarado 與原住民 maya-K'iche' 王「德古武曼」(Tecún Umán)交戰以及雙方的文化衝突。還有 Sangre Técnica Espíritu、Sabiduría y Religión,則是描述馬雅的信仰與文化根基。整個文化宮就是一個瓜國 20 世紀初經典的縮影,有更多更多細節值得探索品味。

文化宮經 70 餘年風吹日曬及大小地震,終究到了需要大規模整理修復的時候,2017 年,瓜國政府動員瓜國歷史考古學家、建築師及工藝師,仔細考據原始的設計圖及工法,然後大刀闊斧地投入整整 2 年的時間進行重整及修復工程。2019 年 9

CHAPTER 4
瓜地馬拉超精彩

時任駐瓜地馬拉大使向總統呈遞到任國書

月,文化宮每個廊柱、每個窗櫺、每盞吊燈、每一扇彩繪玻璃窗,終於再現昔日風華。

　　文化宮目前每週一至週五開放參觀,記得保留多一點時間細細品味它精巧雅緻的設計與工藝。另外,參觀時可千萬別落隊了,萬一撞上有點半透明的烏維科總統,不妨強作鎮定,記得有禮貌地說一聲,「總統先生您好!」(Hola, Señor Prisidente!)

# 蒂卡爾馬雅金字塔

想像你是一隻橙胸隼,清晨 5 點 50 分,你飛越一片蔥綠的熱帶雨林,早晨的水氣與薄霧仍壟罩著大地,有數座石頭小島在綠色樹海及薄霧中浮現。你熟稔地停在其中一個小島頂上,四方型如屏風的石塊雖已斑駁,但是絕佳的歇腳處。你彷彿聽到呼呼的風聲中夾雜著千年前馬雅祭司喃喃的祝禱聲。

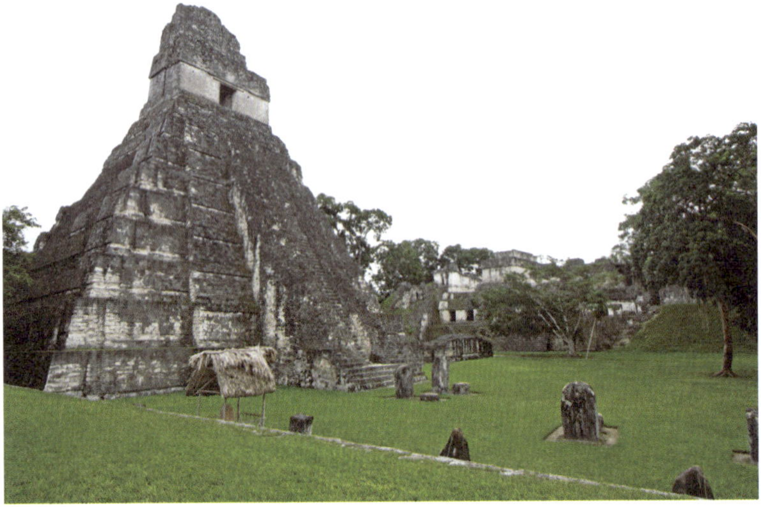

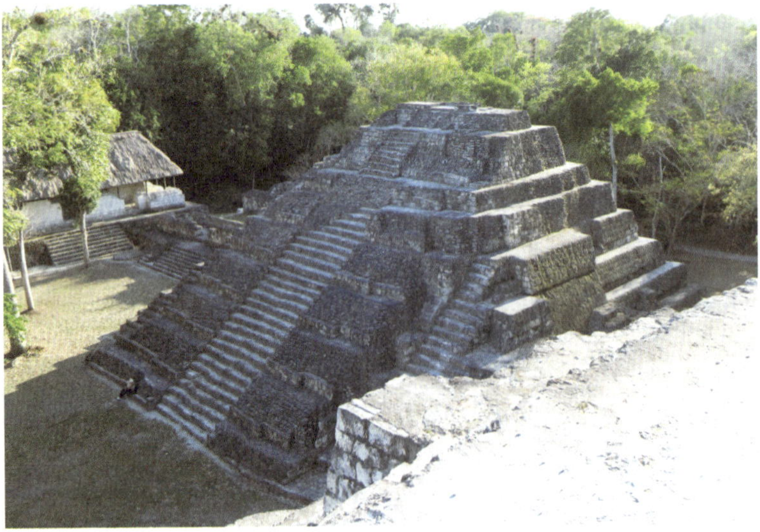

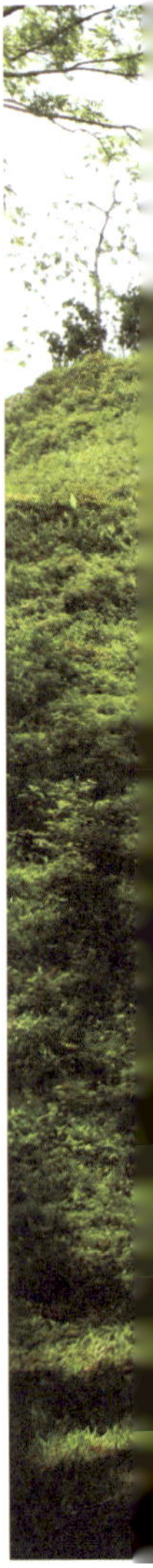

CHAPTER 4
瓜地馬拉超精彩

蒂卡爾（Tikal）國家公園是瓜地馬拉的觀光勝地，是中美洲古文明中規模最大且最重要的遺跡，於 1979 年被列為「聯合國世界文化遺產」。

中美洲的其他國家像是貝里斯、宏都拉斯跟薩爾瓦多都有馬雅遺跡，但是蒂卡爾有 10 餘座大型馬雅金字塔神殿，被譽為馬雅文明的心臟。很多神廟約 45 至 50 公尺高，最高的 4 號神殿甚至高達 70 公尺，將近 22 層樓高，比自由女神還有比薩斜塔都還要高，因此蒂卡爾被暱稱為古代馬雅的紐約。

我曾經多次造訪此地，早期可以徒手攀爬神殿正面的石階，到後來，園區終於有點保護古蹟（兼保護遊客安全）的意識，在神殿旁搭設木梯，讓遊客緩步登上神殿頂端平台，讓我們一介平民，也可以想像自己是馬雅王或祭司一樣登高，俯仰天地。

有一次，我們在傍晚時節登上其中一座神殿等夕陽，神殿頂上來自五湖四海的觀光客們，操著不同語言閒聊嘻笑著，這時，一位原住民導遊朗聲對著大家說：「各位朋友，夕陽大概再 10 分鐘就要落下地平線，邀請大家一起保持 10 分鐘的靜默，尊重這個古老的聖地、共同體驗這個魔法時刻。」原本互不相識的觀光客們看了看彼此，紛紛收斂起心神，浮躁的空氣霎時沉澱下來。

橙黃的落日緩緩地緩緩地降入綠色樹海，天空的顏色也一絲絲一絲絲地變化著，耳朵裡只有呼呼的風聲。我背靠著千年石牆，溫熱的石頭將蓄積了一整天的太陽能量灌注給我，彷彿

瓜地馬拉超精彩

蜘蛛猴

食火雞

也把魔法滲透進我的身體、我的心，時間開始模糊，分不清是現代還是遠古，我彷彿也不是我了。

這個馬雅古文明的殿堂，同時也是眾多野生動物的棲息地。長鼻浣熊跟巨嘴鳥是這裡常見的嬌客，樹獺、緋紅金剛鸚鵡長居於此，如果幸運的話，還有機會看到跟電影蜘蛛人一樣盪來盪去的蜘蛛猴，以及發出恐怖森林回音的吼猴呢！

記得有一次，我被一大群巨嘴鳥包圍，仔細看還是三種不同巨嘴鳥的混群，我收起相機專心抬頭看著這一群彩色毛球在樹林間跳來跳去、嘎嘎嘎地在我頭上吵鬧不休，突然一瞬間，成群頭也不回的飛走，留下我一個人呆立在林子裡。

從馬雅前古典時期（Pre-classic Period，即西元前 6 世紀）蒂卡爾地區就已經有人類居住，在西元 6 世紀到 8 世紀蒂卡爾王國發展到達巔峰，而後在西元 9 世紀走向衰落，最終於 10 世紀左右被遺棄。這裡是哥倫布來到美洲大陸以前重要的政治、宗教、經濟和軍事中心，整個範圍共有超過 4,000 座文明

有一對定居在蒂卡爾的橙胸隼夫妻，每年都會在 2 號神殿頂上築巢、產卵、育雛，國家公園管理局也都會配合他們，暫時性封閉 2 號神殿，畢竟，馬雅人曾棄下這城千年，可都是仰賴這些大自然神靈們看顧著呢！

建築和藝術遺跡，是研究馬雅文化最重要的考古建築群。據推估全盛時期時，蒂卡爾居民可能多達 20 萬人，跟當時的羅馬城人口相當。

依據 2018 年的《科學期刊》（*Science*）發表研究，研究團隊運用最新雷射科技「光達」（LiDAR）掃描蒂卡爾周圍 800 平方英里，發現還有 61,000 個建築體被掩埋在這蒼翠茂盛的熱帶叢林下。如果你走進蒂卡爾叢林，看到一個長滿大小樹木、藤蔓花草的綠色土丘，不要懷疑，拿起鏟子挖下去（考古學家警告我，真的挖下去可是要觸法的！），裡面一定有個千年古蹟等你重新發現它。

CHAPTER 4
瓜地馬拉超精彩

# 火山的國度

　　瓜地馬拉有 37 座火山，其中 8 座算是活火山。頻繁的火山活動讓這個國家跟台灣一樣，好像大地隨時都在微微地震動。雖然在 2018 年火火山（沒打錯字，就是 Volcano of Fire/ Volcan de Fuego）劇烈噴發造成傷亡，但是大多數的時候，這些火山們都只是穩定地噴噴煙圈跟流流岩漿而已。

　　爬火山是頗受國際觀光客歡迎的活動。其中安提瓜的 Acatenago 火山可以在深夜或凌晨登頂，近距離看火火山像仙女棒一樣火星四溢的火山口。

　　另一個熱門路線是 Pacaya 火山看熔岩。在當年那個人命還不那麼值錢的年代，這個行程可精彩了。遊客可以直直走到岩漿河旁邊，用樹枝叉根香腸或是棉花糖烤來吃。我記得當時我們待到傍晚，看著岩漿隨著夜幕降臨益發熾亮，襯著遠方天際嫣紅的夕陽，就好像是突然飛進 Discovery 頻道的火山熔岩紀錄片現場，但是另一隻手還繼續在往家裡客廳茶几抓零食棉花糖

Pacaya 岩漿河，隨著夜幕降臨而益發熾亮，
襯著遠方天際嫣紅的夕陽，超級魔幻不思議

吃，超級魔幻不思議。

還有另一個有意思的火山行程，是位在 Xela 南邊的 Santiaguito 火山。因為 Santiaguito 火山是 Santa Maria 火山系的新生代火山，觀看火山活動的路線是登上較高的 Santa Maria 山麓的展望點，就可由上而下俯視 Santiaguito 火山口。

Santiaguito 火山活動非常頻繁，旺盛的時候，據說甚至可以看到火山口盛滿冒著泡泡的熔岩，近年來則是如同老忠實泉一樣，每小時定時噴發一次。帶我們上山的嚮導甚至可以精準掌握噴發時間，安心煮好咖啡，讓我們在高山上一邊啜飲咖啡，一邊欣賞氣勢萬鈞的大自然奇觀。

快到噴發時間了,我們聚精會神地盯著火山口,它先是滋滋滋的噴氣,接著就像是巷口爆米香一樣,碰～一聲響雷,火山灰夾雜著小石頭往空中噴射,接著像是蕈狀一樣的灰色雲團般不斷湧出、不斷膨脹,簡直就像是漫畫火山一樣。整場火山噴發秀大約 10 分鐘左右結束,我們看不過癮,再等下一場,Santiaguito 也不辜負我們期望,1 個小時後,又賣力地演出一次火山噴發秀,我們也報以熱烈的掌聲歡呼及數百連拍的快門聲。

另一個值得一提的火山是 Tajumulco 火山,它是一座休眠火山,海拔 4,211 公尺,是瓜國以及中美洲的最高峰。當地原

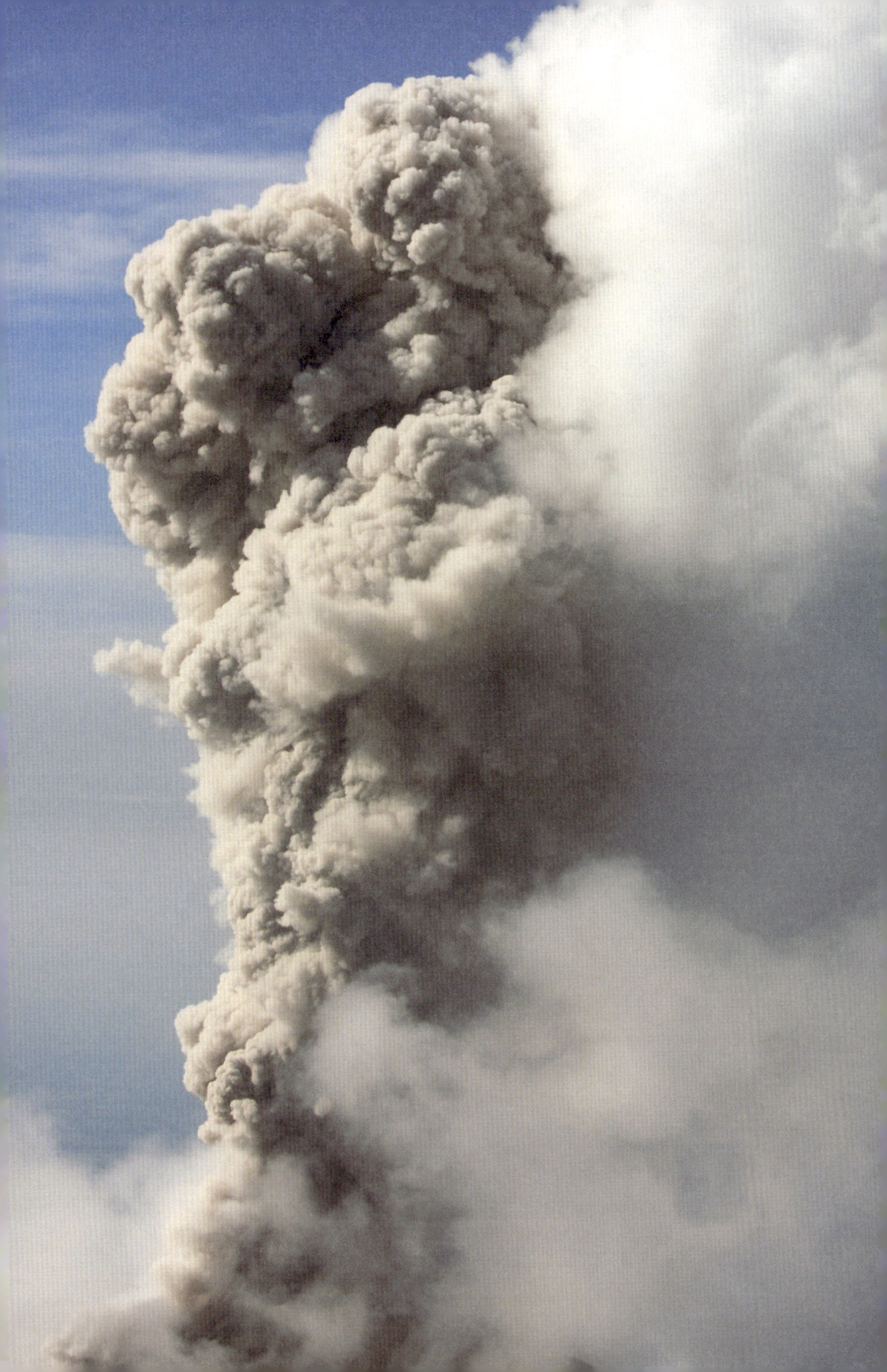

住民曼族（Mam）有很多傳說都跟這座火山有關。有一個是說世界在一場大審判之後重新開始，Tajumulco 火山則為人類保存了各項寶物。有一天成群的螞蟻從火山口爬出來，人類沒有發現，一隻啄木鳥從火山口叼出玉米跟紅豆種子，人們這才跟隨著啄木鳥走到火山，打破一顆巨石之後，所有的寶物流瀉而出，包括玉米、紅豆、辣椒、焚香用樹脂、空氣、水、動物、陶罐跟 marimbas 木琴。還有一個傳說認為 Tajumulco 火山是守護人類的勇士，每當有敵人入侵的時候，Tajumulco 火山就會招喚濃霧遮蔽村子來保護族人。

這些傳說都說明著，馬雅人認為火山與人的生活習習相關，不僅賦予大地生命，並且保護族人平安。我原本以為火山的傳說應該會跟惡魔、地獄、毀滅之類的意象有關（那是基督教），馬雅人則是把火山當成是守護神，這真的是大出我意料啊！不過，以農業觀點來看，火山灰持續補充土壤肥力，讓五穀豐收、六畜興旺，說不定古代馬雅人還比我們有科學觀察力喔！

# 最愛的
# 阿蒂德蘭湖

　　阿蒂德蘭湖位在瓜國中部高原上，從首都過去開車大概兩個多小時可達。阿蒂德蘭湖面積約 130 平方公里，是日月潭的 16 倍大，被三座火山環繞，碧藍湖水映照黛綠火山，美得不像人間，是我一去再去怎麼也不厭煩的最愛。

　　你可能想問我，如果想要驅車環湖一圈多久呢？答案是：辦不到。因為環湖公路並不存在。

　　是的，許多濱湖而立的村莊僅能透過水路進出。這看似不便的條件，也為它們創造了一種遺世獨立的氛圍。例如位在阿蒂德蘭湖北側的 Santa Cruz la Laguna 及 Jaibalito，便以遺世獨立、友善自然環境著稱。遊客搭船上岸之後，就安閑地在小村子裡放鬆心情，不用趕行程（沒有景點）、不可能塞車（因為根本沒有汽車）、不用查找餐廳（因為沒有餐廳），也不用擔心旅伴一直滑手機（因為訊號很差），旅人唯一的行程，就是專心對著美呆了的大湖發呆。

這裡一家民宿 La Casa del Mundo（世界之家），自家渡船碼頭旁就是湖畔小泳池跟吊床，三餐都由民宿供應。每天晚上，來自世界各地的旅人都在同一張大餐桌上共餐，我們入住那晚，比鄰而坐的是一對荷蘭年輕夫妻，太太居然是漢學博士，曾經五度到台灣做研究，最喜歡楊德昌電影的「一一」，世界一家真的不假。五湖四海的心思與口音，都在這餐桌上交融成

不分你我的放歌談笑。

　　San Marcos la Laguna 則是另一個只能搭船前往的小村落。不大的腹地充滿靈修、養生中心，不管是瑜伽、阿育吠陀、頌缽、禪修或是古馬雅祭儀，這裡通通都有。

　　位在阿蒂德蘭湖西側的 San Pedro La Laguna 有平價的民宿、酒吧和咖啡小店，還有英語流利的旅行社及語言學校。因此小

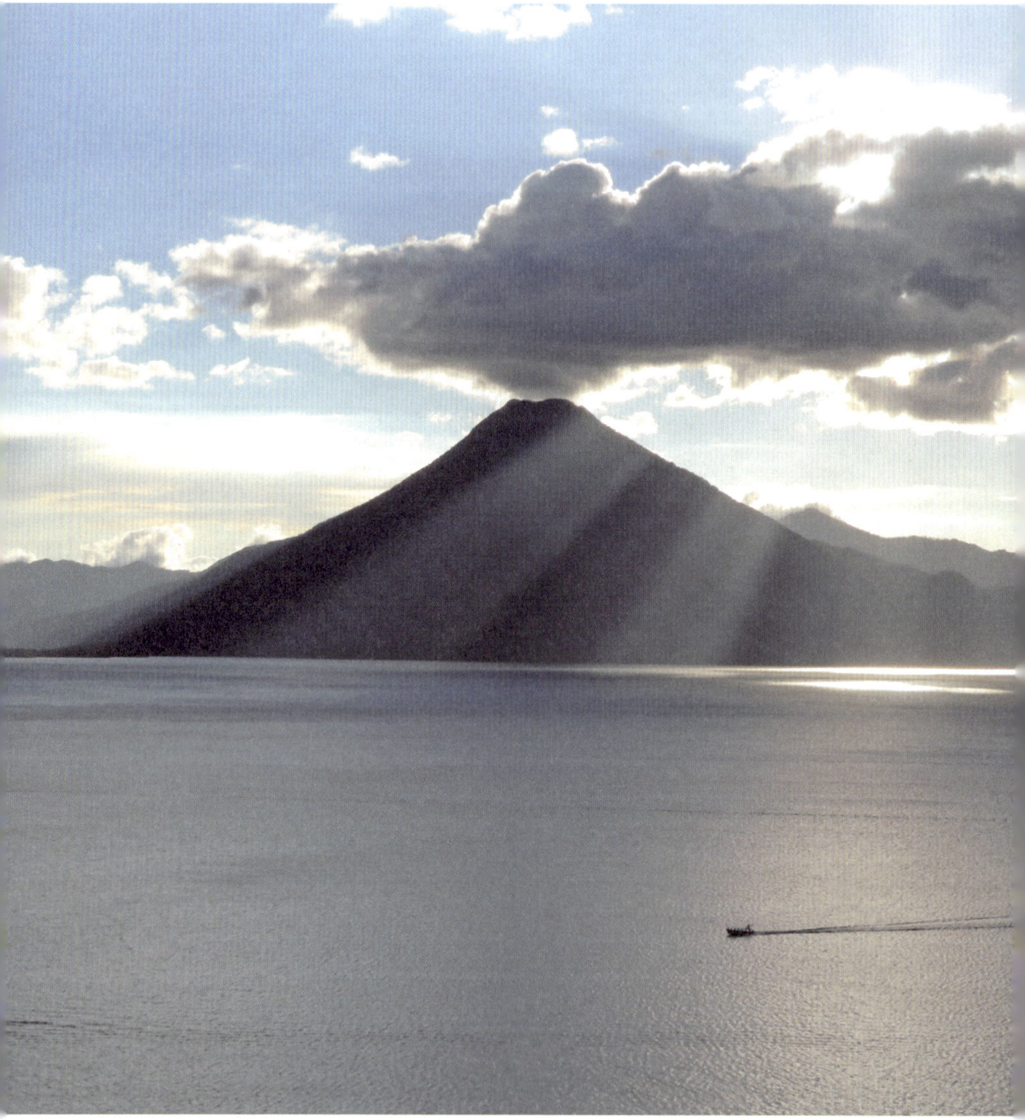

CHAPTER 4
瓜地馬拉超精彩

小的濱湖小鎮，塞滿了世界各國 gap year 的年輕人、環遊世界背包客，以及各種不想要被世俗價值框框束縛的人，整個小鎮瀰漫一股浪漫頹廢的波希米亞風情。

距離 San Pedro 只要嘟嘟車 10 分鐘車程的另一個小鎮 San Juan La Laguna 就顯得樸實多了。村裡有許多編織工坊還有畫廊。這裡的人說話慢慢的，面對外國人既不熱情過頭，也不急於推銷，旅人可以放鬆心情，慢慢欣賞當地畫家的作品，或是挑選一件植物染的手工織披肩帶回家做紀念。

大湖的東南面有個寧靜的峽灣，聖地牙哥（Santiago Atitlan）就位在這峽灣裡。從小艇登上岸，許多的嚮導湧上來要帶領你了解這個小鎮。如果有興趣，不妨給他們一個機會，讓他帶你去逛逛傳統市場、看看婦女合作社的傳統上衣圍比爾展售，聽一聽廣場上那個 25 分硬幣頭像的故事；還有到大街上，找尋那個曾經登上過時代雜誌廣場廣告的老太太，請她介紹傳統服裝穿法及示範纏頭帶。更可以讓導遊帶著你去當地神明馬席夢（Maximón）的輪值爐主家看看。如果想要自由隨性一些，鎮上也有許許多多值得探索

149

的小店藝廊，或是單純到拉法咖啡店（Cáfe Ráfa）喝一杯咖啡，老闆拉法（Ráfa）認識聖地牙哥每一個人，也樂於告訴你想知道的任何有關聖地牙哥的故事。

　　聖地牙哥依山傍湖，真的美得不得了。如果妳有機會，清晨在湖上划一艘當地傳統的拼木小船（Ráfa幫我們安排的），小船絲滑地切開果凍般的湖水，隨著朝陽緩緩升起，水面上的薄霧逐漸澄清，天上的雲彩，跟層層疊疊的山巒，還有湖水不

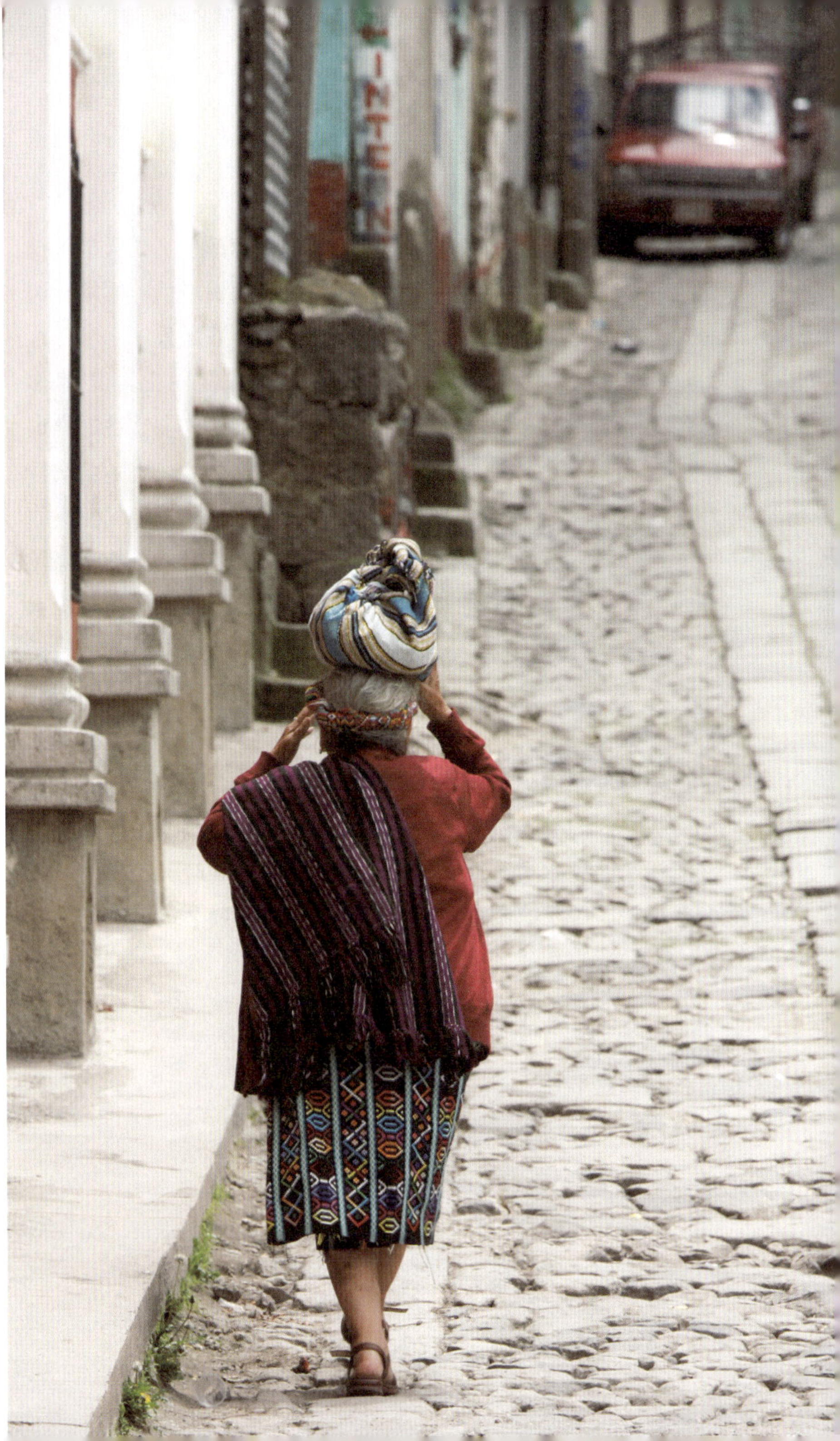

斷地變換顏色,讓人捨不得眨眼,深怕錯過一幅幅一閃即逝的美麗風景。

　　清晨在湖上蕩漾的你並不孤單。許多當地的漁民也都是趁著大型交通船航行前,在各港灣捕魚。他們的釣具其實就是一條釣魚線,沒有釣竿,掛上餌(餌是水薑,即蜻蜓的幼蟲),然後沿著線在鉤子上方約莫 1 公尺處安上咬鉛,接下來拋進水裡,等待魚兒上鉤。

　　大湖眷顧的不只有漁民,三三兩兩婦女在湖畔洗衣,小孩、小狗在平靜的湖邊玩水、老人在湖邊沙灘或是碼頭乘涼閒聊。澄淨極了的湖水,彷彿能滌淨一切煩憂。傍晚時分,當地居民愜意地優游著、嬉鬧著,任風將笑聲揚起,隨著浪濤聲,送往火山上神祇的耳朵。

　　我想像著移居來這,每天早上來湖裡晨泳,返家梳洗換裝後,在火山注視下步行去上班。

　　這樣的人生,你是否跟我一樣嚮往呢?

CHAPTER 4
瓜地馬拉超精彩

# 塔拉雷斯生態咖啡莊園

　　瓜瓜國地大物博，我極少重複造訪同一家旅館或同一間莊園，但塔拉雷斯生態莊園（Reserva Natural Los Tarrales）是我忍不住一去再去的好地方。

　　它是一處位在阿蒂德蘭火山（Volcán Atitlán）南麓的生態農莊，以生態農法栽種有機咖啡及林蔭下咖啡，擁有自己的咖啡處理廠跟烘豆場，年產量達 200 萬磅，旅客可以參加莊園的咖啡導覽，從栽種、採收，到去皮、水洗、日曬，到選豆烘豆，完整體驗咖啡製程。而它不僅是咖啡莊園，同時也是一處佔地 1,300 公頃、生態豐富的自然保護區。

　　莊園內有許多竹林，正是 Los Tarrales 名字的由來。據園主說，台灣技術團竹計畫經理是他的好朋友，許多特殊的竹子品種，都是當年技術團給他的（又一個台瓜友誼萬歲！）。

　　莊園位在海拔 700 至 2,375 公尺的熱帶霧林，我們第一次去的時候，只不過在莊園主屋附近散步，馬上被野生動物包圍

每一個農家的裊裊炊煙,都是要辛勤砍集薪柴的

了。先是五彩繽紛的鳥兒們,吱吱喳喳地吃著樹上的一大串香蕉。不遠處,黃棕色的aguti(中美毛臀刺鼠)一溜煙鑽進草叢,幾隻閃著慧黠黑眸的鹿兒閒步在林間;抬眼一看,頭上的不是蜂鳥嗎?正忙碌著一朵朵的採蜜呢!突然我們嗅到一股動物騷味,正納悶著是什麼味道,眼尖的同行人發現,是一群野豬,正在不遠處的樹下打盹呢!

聽咖啡廠工人說,由於莊園百年來的禁獵政策,前些年,

CHAPTER 4
瓜地馬拉超精彩

還有人看到美洲豹 Jaguar 在莊園裡走來走去，研判是追著鹿而來的，還秀出手機影片給我們看。

而這個咖啡莊園的明星動物，則是一種瀕危的大鳥——角冠雉（horned guan / Oreophasis derbianus），據推估全世界只剩 600 到 1,700 隻。

牠是一隻超有喜感的大鳥，身長 75 到 85 公分，黑臉白嘴，頭上紅色的角像是壽星戴的小紙帽，彷彿永遠都在慶生一樣。Los Tarrales 莊園，正是全世界少數可以親眼在野外看到這隻大笨鳥的地方。第一次去的時候，因為時間不夠，所以無法安排，第二次拜訪時，我鐵了心非看到不可（握拳）。

找大笨鳥行程集合時間是凌晨 3 點鐘。嚮導幫我們準備了雙筒望遠鏡、三明治、蘋果、巧克力棒，以及莊園自產的有機咖啡。嚮導說：Coffee makes anything possible（喝了咖啡沒有什麼是不可能），全身都不想醒來的我們，將這句咒語搭配熱咖啡一起服下，魔法真的發生了！就在我們雨中手腳併用攀爬 5 個小時之後，終於在海拔 2,200 公尺的地方找到牠！這可愛的

角冠雉

大鳥,笨重的身體居然可以飛上樹冠,雖然難免造成一陣騷動,對賞鳥人的心,更是留下巨大震撼!

　　塔拉雷斯生態莊園雖曾數度易主,但是歷任的莊園主都極有共識地希望維持這塊土地的天然與美麗,嚴禁傷害任何動物,這在生活貧困且歷經 30 年內戰的瓜國鄉村是極不容易的。100 多年來,這裡成了野生動物的天堂,也成了像我一樣的都市人,暫時逃離塵囂的樂園。

CHAPTER 4
瓜地馬拉超精彩

# 小王子的
# 吞象蛇

阿蒂德蘭湖有個可愛的 fun fact。

在湖的南側有座托里曼火山（Volcán Tolimán），蓊蓊鬱鬱，從湖心望向托里曼火山，仔細看，會發現有個小巧的小山，像是國王企鵝寶寶一樣，藏在托里曼火山的跟前。這個小山名叫 Cerro de Oro（黃金山丘）。在當地的傳說裡，這個山丘真的跟黃金有關：從前從前，有個老人背著一個陶甕要到西部的城市，這個甕可不是普通的甕，是個會長出黃金的聚寶甕。老人沿途經過的城鎮都不小心灑落一些黃金，因此形成肥沃良田，老人到了阿蒂德蘭湖邊，一不小心跌個跤，整個甕居然給摔破了，黃金不斷不斷地湧出，堆得像座小山，就是今天的黃金山丘啦。

那個故事有點無厘頭，但如果從湖心往黃金山丘望去，你會發現這個山丘長得有點像一頂帽子，又有點像是一隻吃掉大象的蛇（咦，你在說什麼啊？）。

沒錯，據說這個黃金山丘，就是法國作家安東尼・聖修伯

里（Antoine de Saint-Exupéry）發想《小王子》書中那個蛇吞大象的靈感來源。

聖修伯里的妻子是薩爾瓦多人，他們曾經一起到瓜國的阿蒂德蘭湖邊小住一段時間。中美洲的火山連峰，也啟發聖修伯里靈感，給小王子創造了一個很可愛的家鄉：B612號小行星，面積不大，有兩座活火山、一座死火山，以及一朵玫瑰。小王子總是認真地打掃他的火山。小王子認為擁有活火山是方便不過的，他早上可以在上面熱一熱早餐。他也打掃那座死火山，但是像他所說的「誰料得到？」，假如有人好好打掃的話，火山就輕輕且有規律地燃燒著，而不致爆裂。

且不論小王子的場景設定到底是不是真的來自瓜國（薩爾瓦多也在爭奪小王子靈感來源的地位），到了魔幻瓜瓜國，不妨也試著讓自己的想像力奔馳一下，想像湖底有隻龍被拴在通往異世界的密道入口，或是每天下午湖上颳起的xocomil怪風是托里曼火山上有個每天睡晚晚的夜貓神，下午的時候起床伸個懶腰打哈欠，所以船隻都要趕快入港，以免被夜貓神給吞了！

在阿蒂德蘭湖畔，現實與想像交織成一

# CHAPTER 4
## 瓜地馬拉超精彩

清晨垂釣的農夫

幅奇妙畫卷。當你望著托里曼火山懷抱中的黃金山丘，或許能感受到小王子曾經駐足的痕跡，聽見夜貓神的呼嚕聲隨 xocomil 怪風掠過湖面。

　　這就是瓜地馬拉，一個能喚醒內心童真與幻想的魔幻國度。正如小王子所說：「最重要的東西是肉眼看不見的，要用心去感受。」而瓜地馬拉，正是這樣一個需要用心去感受的地方。

CHAPTER 4
瓜地馬拉超精彩

# 迷霧中的
# 國鳥

　　馬雅信仰裡面，羽蛇神是非常重要的神祇，祂是風之神、光明與良善的象徵，也是春天作物萌芽生長的象徵。

　　祂在中美洲所有文化中無所不在，根據時代和崇拜它的民族，它有不同的名字，像是 Gucumatz、Kukulcán 及 Quetzalcóatl。顧名思義，這個神的形象，是蛇身上長了羽毛，而這個神的形象在真實世界的具體化，就是鳳尾綠咬鵑（Resplendent Quetzal）。

　　這種鳥體型不大，大約 40 公分，但是有四根長長的綠色尾羽可以長達 80 公分。因為這種鳥在林間飛行的軌跡如同波浪，遠遠看來，真的像是一隻綠色的蛇在空中飛翔。綠咬鵑也是瓜瓜國的國鳥，在國旗跟國徽上都找得到牠，甚至瓜國的貨幣就是以牠為名。傳說，最後一個 K'iche' 王 Tecún Umán，在跟西班牙軍隊對抗中英勇戰死，綠咬鵑飛到 Tecún Umán 王的胸前哀悼，因此牠的前胸沾染鮮血成了鮮紅色，而牠也從此不再

鳴唱,直到這塊土地重獲自由。因此,綠咬鵑也是瓜地馬拉國家主權與自由的象徵。

這麼具有傳奇色彩的鳥類,目前生存已經備受威脅,我身邊根本沒有人親眼看過。因此,直覺認為,想看牠,當然是前往綠咬鵑保護區(Biotopo de Quetzal)囉。誰料,在偌大的園區走了一天,完全沒有看到任何鳥影。

我們心想這麼神秘的鳥哪有可能一次就讓我們看到,於是又規劃了另一趟旅程前往找牠,這次,我們先到保護區外一家民宿問住宿,我發現接待櫃檯旁邊非常多專業鳥類圖鑑,於是就隨口提到我們是來找綠咬鵑。櫃檯小哥說,喔,最近有 3 隻綠咬鵑每天都會來我們前面的一棵樹覓食,我帶你們去看看還在不在。結果,就在民宿 20 公尺前方的那棵樹上,我們就看到了心心念念的可愛綠咬鵑們!

CHAPTER 4
瓜地馬拉超精彩

　　我們拼命拍照直到夜色把他們請回森林。當天我們當然住下，隔天一早，那 3 隻綠咬鵑兄弟姊妹彷彿上班打卡一樣準時出現，我們在同一個位子繼續如癡如醉地看他們三兄弟吃吃睡睡。唯一可惜的是，這幾隻是亞成鳥（就是青少年的意思），還沒長出長長的尾羽。

　　隔年，我們偶然結識一個賞鳥嚮導羅蘭多（Rolando），他跟他弟弟在美國奧杜邦學會（The National Audubon Society）資助下，在阿蒂德蘭湖畔聖地牙哥郊區一處森林追蹤一個綠咬鵑族群 8 年了。我們迫不及待地安排了實地前往。

　　這群綠咬鵑的棲地並不是什麼雲深不知處的神山，其實就是一處附近村民會上山砍柴、採粽子葉的公有林地。我們一行循著樵夫路徑步行上山，沿途羅蘭多帶我們認識綠咬鵑家族去年築巢的樹洞、他們愛吃果實的樹，以及其他森林好朋友們。

然後我們來到一處林間隙地，羅蘭多看了看手錶說：嗯，10 點半了，牠們差不多該來吃早午餐了。我們一行分散開來，躲在樹叢裡安靜的等候，沒多久，綠色雲霧般的影子真飄啊飄地降落在我們前方的樹叢間，我驚訝到下巴合不上。

神話中的羽蛇神，真的如蛇在空中飛行一般，在鬱綠的樹林上，劃出閃著碧玉光澤 S 形線條，也在我們的眼底留下神蹟般的螢螢殘影。

仔細端詳停在樹枝頭的牠，胸腹真的是一片鮮紅，是 Tecún Umán 的鮮血啊，而牠肩背上的綠色羽毛在陽光下會反射出或碧綠或寶藍的寶石光澤，那長長的尾羽，輕柔地隨風飄飄，讓牠更添了幾分仙氣。但好笑的是，牠其實留著超搞笑的龐克頭啊！

當我們正忘情地端著望遠鏡欣賞這人間羽蛇神，牠倏地飛走，頭也不回。羅蘭多說，已經 11 點了，牠接下來就會飛到河谷不會再回來這裡了。

我說啊，這羽蛇神綠咬鵑是康德的信徒嗎？作息規律到可以讓賞鳥客對時了！

而這趟最意外的驚喜是在回程途中，眼尖的羅蘭多撿到一根綠咬鵑的尾羽，他說綠咬鵑拖著長長的尾巴雖然仙氣，但飛不快，很容易被林中的黑幫——巨嘴

鳥（Tucán）霸凌，這根羽毛極可能是被巨嘴鳥啄下來的。雖然替綠咬鵑感到心疼，但是羅蘭多把這珍貴的羽毛送給我們做紀念，真是開心到飛上天，這過去只有馬雅王才能擁有的殊榮，尋常百姓如我持有這神明的禮物，會遭到天譴嗎？

　　我發誓我一定虔心誠敬地把羽蛇神供奉在家，早晚焚香，祈求保佑風調雨順國泰民安，絕對不會給貓兒叼去玩了！

# 高原上的
# 藍色獨角獸

在薇薇特南果高原上,時間彷彿放慢了腳步,在這裡,你可以暫時將世俗繁忙與壓力完全放下,享受最純粹的簡單與幸福。薇薇特南果以咖啡聞名,但是這個地方其實還有好多值得探索的絕美景點,像是震撼人心的的巨大天坑 Hoyo El Cimarrón、超美的 Laguna Brava、Cenotes de Candelaria、仙氣飄飄的 Laguna Magdalena,還有以賽馬聞名的 Todos Los Santos Cuchumatán。每一個景點都值得一篇專文好好介紹,但且讓我把篇幅優先給一個很特別的民宿:「Posada Rural y Ecuestre Unicornio Azul」[1],高原上的藍色獨角獸。

藍色獨角獸這個位於海拔 3,000 公尺的民宿,佔地 20 公頃,但只有 2 間客房(現在好像稍微擴充了),還有 8 匹馬。這裡是由一位瓜國先生 Fernando 跟法國太太 Pauline 共同經營,他

---

[1] https://www.unicornioazul.com

CHAPTER 4
瓜地馬拉超精彩

遺世獨立的藍色獨角獸，是沉澱滌淨心靈的避靜所

們都非常愛馬，他們有著一個單純的信念，就是為他們的愛馬們找一個最好的家，創造一個跨越物種的和諧境地，讓人類可以試著用馬兒高尚寬容的視角，達到與周遭生物及大自然環境的平衡共存。

　　住在這裡是個非常特別的經驗，因為路途遙遠，我們是在下午抵達。第一件事，先去馬廄幫忙餵食馬兒們跟幫牠們刷毛，也算是第一類接觸，交個朋友。傍晚，登上民宿後方的小丘，展望瓜地馬拉 12 座火山連峰，映著夕陽、襯著雲海，非常壯觀。

晚餐呢，則是就著桌上閃爍的燭光跟主人共享簡單的晚餐，餐後移到壁爐前，手捧一杯熱茶，時不時添一支柴，天南地北聊著笑著。這裡沒有網路、沒有手機訊號，大家一起享受遺世獨立的簡單幸福。

　　因為整個農場是用太陽能發電，為節約有限能源，大家早早就上床，房間非常簡樸，沒有暖氣也沒有壁爐，床鋪上厚厚地鋪上兩、三層羊毛毯。

高原上寧靜的早晨

CHAPTER 4
瓜地馬拉超精彩

騎馬高原健行是人與馬的協奏曲

　　女主人知道我怕冷，還貼心的在我上床躺平了之後，送上熱水袋，讓我暖呼呼地一覺到天亮。

　　隔天一早，在冷冽的晨光中，大夥兒再次圍攏在那張木頭大餐桌前。當我們正忙乎著給麵包塗塗奶油果醬，給咖啡加奶加糖，突然，起霧的玻璃窗有兩個大鼻孔湊過來，還呲～的噴氣。原來是馬兒們在屋外好奇地探頭看著我們，等不及約我們一起出去玩啦！

　　整好裝，就來到最期待的騎馬高原健行（cabalgatas）。依照每個人的個性、腳長跟體重（超過 85 公斤不給騎馬喔），女主人會幫訪客跟適合的馬兒配對。我們的路線是到附近的高原山徑騎馬散步。沿途穿越森林、草坡跟開闊的展望點，最讓我印象深刻的是遇到當地牧羊的原住民。牧羊少女身著繽紛傳

統服裝，懷中抱著一隻小羔羊，黑黝黝的眼睛望向我們這些遠來的陌生人，彷彿是在提醒我們別打擾了大自然的寧靜。

Pauline 的農場還提供與馬一起進行的大自然冥想與互動療法（Mediación Equina）。透過與馬一起在山林裡漫步，來幫助參與者進行自我探索。因為馬對人類的情感非常敏感，會根據人的情緒和行為做出反應。因此，透過馬匹作為情感鏡像，能幫助參與者覺察自己的行為和情緒反應，並且更好地處理自己的情感。

藍色獨角獸也提供另一個森林療法（Terapia de Bósque），引領參與者進入自然世界，享受大自然的美麗與寧靜，並透過沉浸在森林環境中，找到與自己及與自然的連結，重新找回身心的平衡。

在薇薇特南果高原上，時間彷彿慢了下來。當你走出屋外，馬兒早已靜靜等待，呼息在冷冽空氣中化成白霧。馬兒輕輕湊過來蹭你的手臂。這一刻，你會明白，真正的奢侈，不是繁華，而是與大自然及生命最單純的靠近。

CHAPTER

# 5

## 節 慶

# 瓜地馬拉
# 年度節慶表

| 日期 | 節日名稱 |
| --- | --- |
| 1月1日 | 元旦<br>Año Nuevo |
| 1月25日 | 拉比納阿契<br>Rabinal Achi |
| 2月<br>第一個星期六 | 狐狸進香車隊<br>Caravana del Zorro |
| 3月至4月間<br>每年春分月圓後<br>第一個星期日 | 聖週（復活節）<br>Semana Santa |
| 6月29日 | 聖彼得日、聖保羅日<br>Dia de San Pedro y San Pablo |
| 8月15日 | 聖母升天日<br>Asunción de Santa Maria |

## CHAPTER 5
### 節 慶

| 日期 | 節日名稱 |
| --- | --- |
| 9月15日 | 獨立紀念日<br>Día de la Independencia |
| 9月30日 | 軍人節<br>Día del Ejército |
| 10月20日 | 革命紀念日<br>Día de la Revolución |
| 11月1日 | 萬靈節<br>Día de Todos los Santos |
| 11月間 | 安提瓜花祭<br>Festival de las Flores |
| 12月8日 | 聖母無原罪始胎日<br>Inmaculada Concepción de María |
| 12月8日 | 燒惡魔日<br>Quema de DIablos |
| 12月16～24日 | 聖母九日行旅<br>Las Posadas |
| 12月21日 | 奇奇卡斯特南戈的聖湯瑪斯日<br>La Fiesta de Santo Tomas de Chichicastenango |
| 12月25日 | 聖誕節<br>Navidad |

# 復活節的
# 花毯

　　台灣最近幾年全民瘋媽祖,每年大甲媽、北港媽或是白沙屯媽出巡時,大批信眾追隨,是每年不能錯過的盛事。

　　在瓜瓜國的復活節,也有非常類似的出巡活動,只是不像白沙屯媽的粉紅超跑可以上山下海,瓜地馬拉每個教會的神轎或聖母像都十分巨大,大多重達數百公斤,需要動員幾十個人一起扛。

　　全瓜國最大的神轎是 Jesús del Calvario 教會的耶穌像,長25公尺、寬2公尺,重達1.1公噸,需要140人才扛得動。扛著上噸重的神轎,別說跑,光是跨出每一步,都得要百餘人同步凝神以對才行呢!

　　我瓜國朋友一家人每年一定都會參加扛轎。這是一個神聖的使命,不是一般人想參加就可以的。通常你必須是那個出巡教會的教區教友,不能是復活節才冒出來的「一日球迷」,而且必須夠虔誠,才會被「錄取」。像我朋友,她從小到大連續

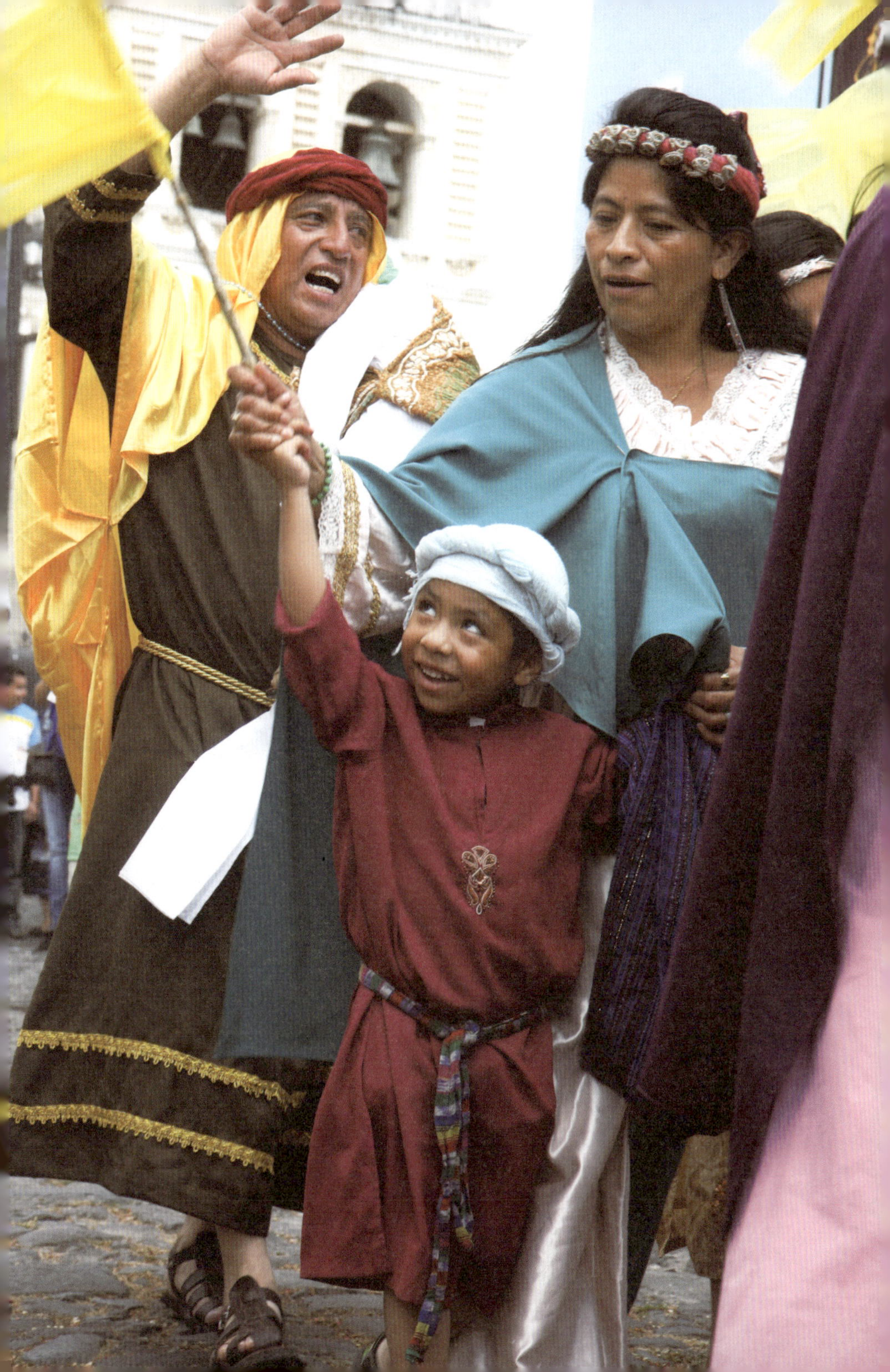

40 年來參與扛轎未曾間斷過,現在她的一雙兒女也都加入她的行列。據她說,她們必須要練習很多次才能上場,每一組人只走一個街區(大約 100 公尺),但是神轎真的很重,即使只有 100 公尺,每一步都是舉步維艱。他們就會告訴自己,耶穌當年為我們扛十字架都不嫌重,我們今天扛 100 公尺也無以回報耶穌對人的愛啊。

天主教的復活節是每年春分後第一個滿月後的第一個星期天,所以每年日期都不大相同。從復活節往前推 40 天,稱作聖灰星期三(Miércoles de Ceniza)[1],原則上 40 天大齋節就此展開,瓜國全國各地開始各種大大小小不同的儀式跟遊行,但復活節真正的重頭戲,還是在聖週五、聖週六 2 天。有一年,我們決定在聖週四就入住古城安提瓜,來個 3 天 2 夜沉浸式的復活節體驗。

聖週五當天是耶穌受難日,安提瓜會有四個遊行路線,每個遊行都歷時 8 到 10 個小時甚至 12 小時。梅賽德教堂(La Iglesia de La Merced)的遊行隊伍絕對是最重要也最盛大的。講述耶穌苦路(via dolorosa)14 個神轎浩浩蕩蕩地一個接一個,隊伍可以綿延 1、2 公里長。

耶穌學院教會(Iglesia de la Escuela de Cristo)的遊行隊伍

---

[1] 聖灰星期三這一天,走在路上或洽公時,就會發現很多瓜瓜朋友都『印堂發黑』,千萬別嚇到,其實是他們特地起個大早,到教堂進行早禮拜,讓神父用聖灰在額前畫上一個十字。這聖灰象徵堅定的信仰,懺悔人的罪。這聖灰十字不能自己抹掉,要等它自然脫落,是提醒世人,生命就如這塵灰一樣脆弱且無常,生命來自塵土,也將歸於塵土,早日皈依天主才能獲得永生。

CHAPTER 5
節　慶

　　也是非常震撼心魂。這需要 80 個人一起扛的巨大神轎，上面是耶穌的透明棺木，由身穿紫色[2]尖帽袍子的 cucuruchos 扛轎人，邁著沉重的步伐，一步一步扛著耶穌聖體前行，信徒的哀痛表露無遺。

　　聖週六是復活節守夜，神轎上的聖像是喪子的哀慟聖母（Virgen de la Soledad），因此，有些扛轎人由前一天穿尖帽袍子的 cucurucho 換成頭戴黑紗的女性，在拉丁美洲，母親承受

---

[2] 紫色是復活節的主色，象徵人類的原罪。安提瓜的教堂跟家戶都會以紫色的旗幟或花束佈置。而復活節時期盛開的藍花楹（jakalanta），滿樹紫花沒有綠葉，也正巧呼應這季節的肅穆氣氛。

177

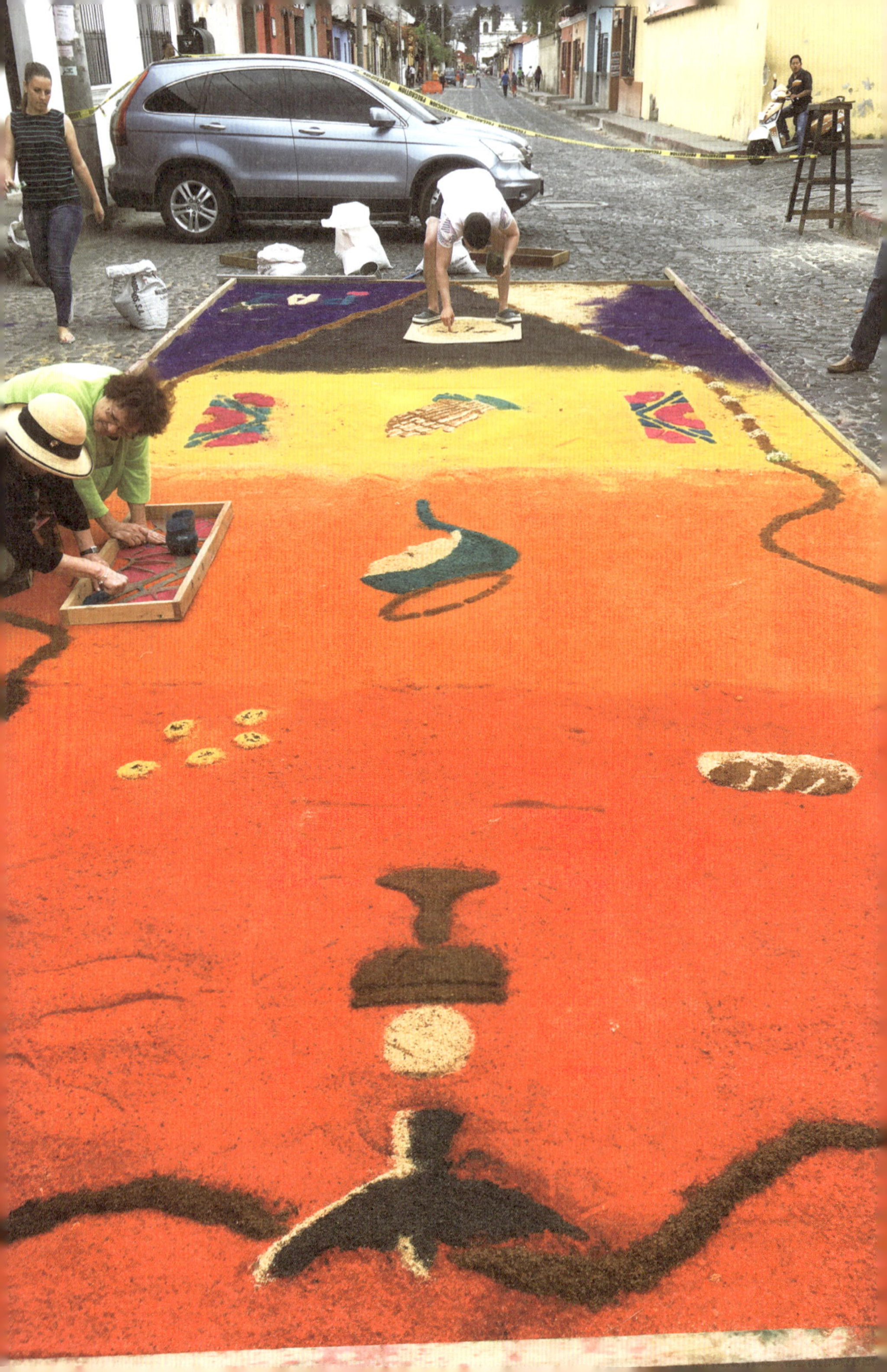

CHAPTER 5

節 慶

世間眾多苦難的形象，更是讓眾人共感而動容。

出巡隊伍的最前面有熏香引道，讓五湖四海的路人立即收斂心神，隊伍的後段的樂隊演奏哀歌，行進樂隊的低音鼓，緩慢而沉重的鼓聲，一聲聲敲在人們的心上，肅穆而沉痛。而神轎途經的街道上，則會鋪上五彩花毯（alfombra）恭迎神轎隊伍。

這五彩花毯鋪排的材料大多是鮮花、花瓣、新鮮松針或彩色木屑，有的拼排幾何圖案，有的則是以宗教主題：如耶穌聖母像，也有的是以瓜國特色的建築或是文化構圖，每一幅花毯都是充滿藝術性的畫作，十分精彩。在等待神轎隊伍的空檔，四處巡街探訪進行中或是剛剛完工的花毯作品，是聖週活動的亮點之一。

這五彩花毯是由遊行路線上的住戶或店家自願奉獻的。儘管這花毯壽命極短，幾分鐘內就會被隊伍踩亂，但當地人製作盡心的程度可毫不馬虎，而且可能一個隊伍經過，就馬上必須重新鋪設，好迎接另一個即將蒞臨的遊行隊伍。整個聖週期間，家家戶戶就這樣不眠不休地一鋪再鋪。

聖週期間，數萬人湧入古城，餐廳擠滿人，小販滿地跑，但是，一旦出巡隊伍出現在眼前，大家趕緊收斂神情，手上拿的啤酒或冰棒也藏到身後。直到隊伍前進到下一個街區了，大家才又重拾剛才中斷的嘻笑。

在聖經故事裡，耶穌早已預告他將在 3 天後復活。聖週日那天，耶穌真如預言地復活了。這一天的遊行，一掃前兩天的

CHAPTER 5
節 慶

鋪設花毯非常耗費心力

肅穆哀傷,全城歡欣慶賀,就連遊行的隊伍也變得像是嘉年華一樣。扛轎人大家換下黑衣紫衣,換上五彩的日常服,甚至連路人觀光客也被邀請加入一起扛轎（for Q100, the experience is free）。

有人說,安提瓜的聖週遊行是一場五感的饗宴,我們親身體驗後可以證實,此話真實不欺。離開聖週後,我忘不了,在漆黑的街道上,眾人一同等待著遊行隊伍,大家不推不擠,每個人手中護著微小但溫暖的燭光,映照著的是一張張沉靜的臉龐。鼓號樂隊奏著悲愴哀痛的輓歌,扛轎人則是配合著節奏,全員有默契地邁步向前,有人甚至頭倚著神轎,用全身心靈在領會神的旨意。我更記得每一條街道上,無數人家趴著蹲著鋪設花毯,參與的人有老有少,完成的作品有的繁複、有的寫意,各自奉獻上最美的顏色以及最虔誠的心意。而貫穿這一切的,是那混合了乳香、沒藥、安息香等香料的薰香,仍時不時會在腦中襲向我,帶我飛回那場滌淨身心的靈性洗禮。

# 拉比納阿契

　　故事要從一本舊書談起……。

　　有個週末，我到瓜瓜國首都舊區一家復古咖啡店喝咖啡，老闆熱情地跟我們聊天，聊他重現瓜瓜國 18、19 世紀風華的理想，聊瓜京歷史、聊他的古籍老書收藏跟開舊書店的夢想。然後，老闆在書庫翻找了一陣，送了我們這本書「拉比納阿契」（Rabinal Achí）。

　　「拉比納阿契」是另一個瓜國被聯合國 UNESCO 列入保護的人類共同文化遺產。這是一本書、一齣歷史劇、也是一場完整保存殖民前馬雅原住民音樂、舞蹈的表演。每年的 1 月 25 日，拉比納（Rabinal）小鎮都會風雨無阻地演出這個已經傳頌 800 年的故事，即使在西班牙殖民時期，傳統信仰的活動都被禁止，當地人還是背著官府、想方設法地把整個劇完整地保存了下來。

　　哇嗚～這麼厲害的劇碼，怎麼能不去朝聖呢！

CHAPTER 5
節　慶

　　我們好不容易盼到了隔年的 1 月 25 日這天，排除萬難殺到了遠得要命的拉比納鎮，歷史劇的舞台就在聖保羅教堂前的主廣場。開演前充當舞台的教堂前廣場已經鋪滿松針，長老跟樂隊已經就位，賣冰的小販、牽著狗狗的小孩也都卡好位了。

　　率先出場是 3 個戴面具的人物，分別是拉比納戰士、被俘虜的基切（K'iche'）族戰士，以及拉比納王「Job´Toj」。3 個人一手拿斧頭一手拿銅鈸，都戴著面具和羽毛頭飾。接下來陸續出場的還有拉比納王的妻子，最吸睛的鷹武士跟美洲豹武士。人物個個裝扮華麗，許多角色配戴動物的面具，十分樸拙逗趣，但是，大家表情都超級嚴肅啊。整齣劇充滿長長的對白，穿插舞蹈跟音樂，但全部都以當地語言阿契語（Achí）進行，一個全世界僅餘 1 萬人左右還使用的語言，所以啊，我們當然是有聽沒有懂。

據研究，這齣戲的情節是敘述大約12至14世紀的拉比納地區的一則故事。當時勢力最強大的城邦國是基切國，拉比納國原本是其附庸國，乖乖臣服每年進貢，但後來改採對抗態勢，雙方衝突不斷。某一天，一位基切戰士被俘擄，帶到拉比納王面前才發現，原來他正是曾一度擒住拉比納王，因講道義而放國王回家的戰士。戰俘被送交法庭審判，國王勸他投降，並誘之以利，願提供他武器、服飾、食物，動之以情，表示會把他當自己人，甚至願把公主嫁給他，但他都不為所動。最終基切戰士被求處死刑，但他不卑不亢，只求依照信仰讓他完成一系列祭儀，與公主共舞一曲，並請求給他260天（馬雅年1年）返家告別鄉親父老後，會依約回來把頭交給拉比納王砍下。

對考古學家而言，這齣戲是馬雅文化的活化石，現存唯一原汁原味保存殖民前馬雅場景的戲劇。對白中提到很多當時的

城邦間的關係、人名、祭儀，為現代馬雅研究提供非常重要的歷史資訊。拉比納阿契這齣劇的音樂，使用許多馬雅傳統樂器，例如 tun，一種把樹幹中間挖空的打擊樂器，會發出低沉共鳴，創造莊嚴氣氛，劇中還使用大大小小的龜殼來奏出旋律。劇中音樂曲調跟節拍，也都跟我們現在熟悉的西方音樂大異其趣。而劇中人的服裝跟道具也都頗有意思，例如 3 位主角手拿斧頭象徵犧牲，銅鈸則是製造回聲的舞台效果，對白念完就要哐啷哐啷幾下，並對空長嘯一聲（咦～愛注意！），很有叢林武士的味道啊！

這跨越 8 個世紀的「歷史」劇，外國觀眾如我們非常之少，大概就 5、6 人而已，我們也善盡職責地拍照跟專心看表演，而數百名當地觀眾圍繞在演員四周，他們大概是因為已經看了 800 年不覺希罕，駐足一會兒就轉進去教堂，或是鑽入市場買個東西，小孩們伸手玩弄演員的服裝，小販甚至直接穿過「舞台」兜售商品，啊，我們也是傻眼。

或許，就是這樣與庶民生活融為一體，這齣劇才能流傳迄今。

期待下一個 800 年，拉比納人仍然可以在每年此時，踏上鋪了松針的舞台，繼續訴說著祖先的故事。

# 埃斯基普拉斯的
# 黑耶穌與飛車族

如果說起朝聖者,你的腦袋裡會浮現什麼樣的形象呢?是穿白衣、拿著手杖、胸前配掛一個畫上紅色十字的扇貝的苦行者?還是背著大背包,不畏風吹日曬雨淋只為前往聖地還願的信徒?

在瓜瓜國,有一群朝聖者恐怕跟你想像的很不一樣。

每年二月的第一個星期六,一大群重型機車騎士會在首都總統府前廣場集合,他們身穿皮衣皮褲,戴墨鏡、頂著龐克頭,有的車頭還掛了骷顱頭。出發時,數以萬千計的重機引擎同時低吼著,要前往瓜國東邊 200 多公里外的埃斯基普拉斯大教堂(Basilica de Esquipulas)朝聖。

這個奇妙的朝聖團體,本來是羅賓(Rubén Villa de León)在 1961 年跟幾個好友瘋狂決定,來一趟說走就走的旅程,沒想到,這個朝聖隊伍聲勢越來越浩大,最高紀錄曾高達 7 萬多人參加,不僅出動大批警察維持交通、教會沿途設置醫療站,

CHAPTER 5
節 慶

商家也紛紛搭帳篷、租流動廁所、加派人手來招呼這群朝聖者。

這個朝聖車隊且讓我把它翻譯成「狐狸進香車隊」(Caravana del Zorro),這是因為老羅賓為人聰明機靈,江湖給他起了「狐狸」的稱號,1987年老羅賓過世之後,由他的兒子艾迪(Eddy)繼承父業至今,艾迪則因為每年召集車隊,被封了一個「狐狸頭子」(Zorro Mayor)的封號。如今這個進香活動已經成為瓜國年度盛事,是全世界排名第三大的摩托車隊活動。也在2011年被瓜國政府列為重要無形文化遺產。

說到這,我們就不得不提他們朝聖的目的地:埃斯基普拉斯大教堂。

這個大教堂供奉一尊很特別的黑耶穌像,香火鼎盛,神蹟

不斷,排隊要進去親炙聖耶穌像的人龍長到看不到盡頭。如果是遇上每年1月15日開基紀念日,朝聖隊伍甚至可以綿延數公里呢!

埃斯基普拉斯是個人口不過2萬人的小城,但是每年從墨西哥、宏都拉斯、薩爾瓦多及其他鄰近國家來此朝聖的人不下150萬人。1986年5月,這裡也是尼加拉瓜、薩爾瓦多跟瓜地馬拉簽署和平協定終結內戰的地方。1999年教宗諾望保祿二世曾造訪此地,並將此地稱為中美洲的信仰首都(Central American capital of Faith)。

我們排隊去參拜黑耶穌時,幸虧不是什麼大節日,也沒遇上狐狸進香團,大概排了1個多小時,就見到黑耶穌本尊了。現在已經被保護在玻璃盒子裡面的黑耶穌真如其名,整尊雕像都是黑漆漆的,一旁聖母、聖約翰還有扶著十字架的小天使,則都是白皮膚的歐洲人面孔。據說,1595年時,西班牙籍的樞機主教為了要開拓當地教區,尤其是對當地 Chor'tí 族馬雅原住民宣教,特地委託著名的雕刻師訂製耶穌聖像。

根據歷史考據(當時下訂的契約還留存至今),樞機主教當時並未注文要做黑皮膚的,那到底為什麼耶穌像是黑皮膚的形象呢?這謎題至今仍眾說紛紜。有一說是雕像曾被儲放在洞穴或礦坑以至於表漆變質,由白變黑;也有一說是耶穌顯靈讓雕像變黑,向原住民展現耶穌與他們一體,以及耶穌關照他們的慈愛。教會官方說法則是因為常年信眾香燭供俸,所以把祂燻得黑了(那,旁邊的聖母臉怎麼還是那麼白?)。無論如何,

CHAPTER 5
節慶

當地原住民的確因此對黑耶穌有高度認同,對天主教的信仰也堅定不移。

我們不免俗地也在大教堂裡點了幾隻蠟燭祈求世界和平、家人健康,也求了幾條十字架手鏈回家保平安。幾個月後,有一次,我的電腦死當,重灌幾十次都無解。這時,我拿出那條黑耶穌加持過的十字架手鏈掛在電腦上,讓電腦跟祂好好聊聊。1個小時後我再回來,電腦居然神奇地一切恢復正常。當我正讚嘆主耶穌神威,跟同事吱吱喳喳這不可思議的神蹟時,那條手鏈竟然神秘地人間蒸發,再也找不到了。

黑耶穌救世救苦神蹟再添一樁!

# 國慶日的
# 聖火隊

9月15日是中美洲五國的獨立紀念日。1821年的當時，瓜地馬拉、宏都拉斯、薩爾瓦多、尼加拉瓜以及哥斯大黎加一起脫離西班牙殖民母國，因此這幾個國家的獨立紀念日都是同一天。

就像世界上其他國家一樣，國慶總是舉國歡騰的重要日子，獨立紀念日當天，瓜瓜國除了大街小巷懸掛國旗，也會舉辦盛大遊行、閱兵及各項慶祝活動。但是，瓜瓜國還有一個很特別的活動，那就是聖火路跑。

聖火路跑（el recorrido de las antorchas）是指一群人輪流舉著聖火跑過一個鄉、越過一個鎮，以紀念當年宣布獨立時，信差連夜不停蹄地跑遍中美洲五國，傳達終於擺脫殖民、獨立建國的好消息（跟馬拉松起源的故事挺像的）。1959年，中美洲五國舉辦聯合運動會，把一群學生運動員召集起來，認真考據當年捷報信差的路線，9月1日，聖火從瓜國舊首都安提瓜點

CHAPTER 5

節慶

燃，一棒接一棒，一路跑過宏都拉斯、薩爾瓦多、尼加拉瓜，最後，在9月14日抵達哥斯大黎加的Cartago，全長1,300公里。1961年，五國教育部甚至簽署一個共同協定，每年都要舉行跨國聖火傳遞，象徵著中美洲五國的自由與團結。

對瓜瓜人而言，這聖火只是看看電視轉播怎麼過癮，他們愛國心強大到認真地揪集同學、家人、街坊鄰居，甚至是公司同事，大家一起跑起來！

我自己曾多次在城市及鄉間遇到這些充滿愛國精神的聖火隊，人數可以是幾個人、幾十人或是上百人。有的是充滿活力的學生運動員隊伍，個個精神抖擻，路上行人熱情地為他們歡呼加油，也有些隊伍是扶老攜幼的雜牌軍，甚至有些跑者一副數十年不曾運動的樣子，但還是卯足全力邁開腳步。隊伍的前後常有汽車、摩托車前導後衛，甚至還有親友啦啦隊，包了嘟嘟三輪車甚至校車，一路跟著敲鑼打鼓，十分熱血又歡樂。

在首都，最熱鬧的地方應該是位在第九區的 Obelisco 廣場。這裡交通四通八達，而且是瓜國和平協議紀念碑的所在地，因此各路人馬都會把這裡當作聖火路跑匯集點。依據 2024 年瓜國最大報 Prensa Libre 報導，光首都地區，9 月 13 日就有大約有 800 組聖火隊在路上跑跑跑，9 月 14 日更是多達 1,500 到 1,800 組。有一年，我一時失察，居然在 9 月 14 日晚上開車路過 Obelisco 廣場。天藍色的國旗跟穿天藍色運動服的人群，滿滿地佔據整個廣場，還漫出到周遭東西南北各大道，人車完全動彈不得。

　　整個廣場沸騰著，擠滿了渾身國旗貼紙的超嗨聖火跑者與瘋狂鳴喇叭愛國車手，他們滿溢的興奮與愛國熱情，恰好與站在街邊一臉平靜的警察形成強烈對比。

　　總而言之，那天我的工作晚宴自然是嚴重遲到了，但是國慶一年就這一次，我也只能聳肩一笑置之囉！

CHAPTER 5
節 慶

# 可可夜總會

如果看過迪士尼有關亡靈節的動畫「可可夜總會」,應該或多或少感受到拉美人面對死亡跟亡者的態度跟我們有些不同。

就如同可可夜總會主題曲所唱的,Remember me（Recuerdame）,在世的家人要時時想起過世的家人,最起碼要在掃墓節（萬靈節）這一天記得他們,這樣他們在冥界才不會哭泣,甚至煙消雲散。

每年的 11 月 1 日是天主教的萬靈節（Todos los Santos）,就像我們的掃墓節一樣,通常會一家大小、扶老攜幼到墓園清潔除草,跟逝去的家人說說話。跟我們不一樣的是,掃墓人的心情比較接近父親節或是母親節返家,帶著已逝家人最喜歡的花,把墓地妝點得五彩繽紛,帶他們最喜歡吃的食物全家一起享用,甚至找個走唱樂團 mariachi 點一首已逝家人最愛的歌,大家同樂。放眼望去,墓園裡大家就地野餐,小孩在墓地間

跳來跳去，放個風箏踢踢球，以為該是哀戚肅穆的墓園，在陽光、音樂、鮮花妝點後，倒是十分溫馨安詳。

在瓜瓜國當天還有一個傳統，就是放風箏。看風箏最有名的就是 Santiago Sacatepéquez 還有 Sumpango 兩個小鎮。這兩個地方平時說不上什麼名勝，但是一到了萬靈節，可就不得了，聚集了大大小小的風箏，還有大型風箏比賽呢！

放風箏的由來，據說是在萬靈節這天，每個亡魂都有24小時的時間可以返家探視在陽世的親人，陽世子孫就要做個最漂亮、最醒目的風箏，好讓已逝家人方便找路回家。後來，也有人把思念逝者的心情寫在風箏上，傳給天上的親人。到晚近，原住民主權運動興起，大型風箏也成了原住民展現文化根基及民族自主意識的畫布。

有幾年我們也跑去湊熱鬧。現場滿滿的風箏，從小朋友手上的小小風箏，大到直徑6公尺、8公尺、甚至10公尺的巨型風箏，數以百計的風箏擠在廣場上，非常壯觀。而這些風箏不論大小，都是用竹子跟棉紙做的，五彩繽紛的風箏製

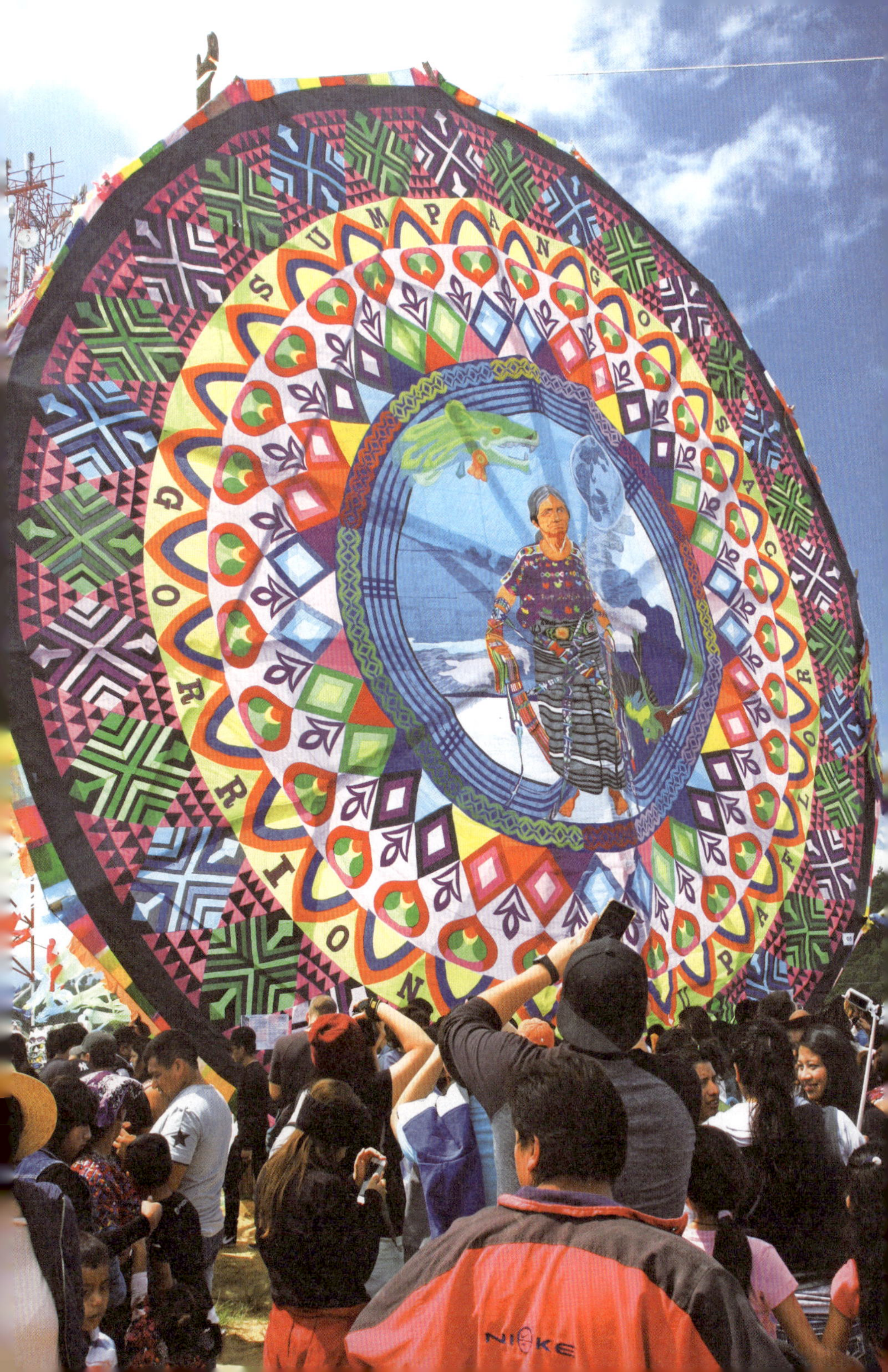
SUMPANGO

作煞費苦心,更厲害的是,這些風箏不只展示,還真的得要飛上天,一群壯丁拚命扯著繩子往前跑,底下的觀眾也是拚著老命在現場加油。因為萬一這些動輒直徑數公尺的巨型藝術品從天上失速砸下來,那明年此時,「萬靈」們可能新增了好多「仙」啊。

瓜瓜國在萬靈節當天還有個習俗是吃寒食(fiambre),其實就是個豐盛多樣的沙拉,除了各式蔬菜,雞肉、豬肉、牛肉、香腸、火腿、熱狗、白煮蛋等各種蛋白質通通來,再撒上起司、澆上肉汁。每一家的配方都不一樣,食材可能多達 50 種,加上是節慶特定食物,寒食就成了瓜瓜人思鄉的象徵食物。

有一年,百事可樂還製作了一集特別任務,幫助一個 10

CHAPTER 5
節慶

歲小男孩,在萬靈節這一天,背著自家的寒食從瓜國一路飛去尋找在美國打工的爸爸。爸爸看到兒子驚喜萬分,吃到自家口味的寒食更頓時模糊了眼眶(當然,桌上還有一瓶百事可樂)。

萬靈節跟我們清明掃墓有那幾分相似,都掃墓緬懷先人、都吃寒食(潤餅),也都放風箏。但是兩相比較,瓜瓜朋友對逝去家人,似乎少了一分敬畏,多了幾分親愛。

# 連聖嬰
# 都敢偷

　　瓜瓜國宗教信仰虔誠，聖誕節是很重要的節日。

　　除了大張旗鼓準備打罵粽、烤火雞，還會去教堂參加彌撒。聖誕節前夕，當地還有一個有意思的傳統活動：聖母九日行旅（posada）。

　　Posada 直譯是住宿或旅店的意思，這個活動是還原當時懷著耶穌、大腹便便的聖母瑪麗亞跟約翰，從拿撒勒（Nazaret）前往伯利恆（Belén），一路旅途勞頓尋覓落腳處的場景。

　　聖母九日行旅一般由 9 戶人家組成，其中一家扮演被投宿的人家，其他人則是扛著瑪麗亞跟約瑟的聖像，舉著火炬、敲鑼打鼓（其實是敲龜殼，搖沙鈴、吹笛子跟敲奏馬林巴木琴），一路浩浩蕩蕩的去敲門要求投宿。

　　扮演主人的，要歡迎聖家庭一行人進門，還要張羅點心給大家共享，像是有包餡的打罵粽，沒包餡的 chuchito 玉米粽、甜餅乾、甜麵包、咖啡、熱可可，還有 ponche 熱果汁。

CHAPTER 5
節　慶

聖誕節前夕全家一起佈置耶穌降生的馬槽，是許多瓜人每年最期待的事

這樣的劇本連續演 9 天，從 12 月 16 日開始大家輪流當主人直到聖誕前夕。

據朋友說，她家每年都跟幾個至親好友跟鄰居舉辦聖母九日行旅，但是有一年，在這樣神聖歡慶的節日裡，她的鄰居竟然心生歹念，綁架她家的聖嬰！

一個壞鄰居趁著大夥吃吃喝喝、主人忙於招呼客人之際，偷偷把佈置好躺在馬槽裡的聖嬰娃娃藏起來帶走，要主人請吃一頓飯才願意歸還。

在瓜國，很多人家的聖嬰娃娃都是代代相傳，這位朋友家的聖嬰可是有上百年的歷史，無論如何都要贖回啊！

此後她就學乖了，要等到 12 月 24 日平安夜當晚才會把聖嬰擺出來。至於這樣的惡劣鄰居，應該叫耶穌懲罰他，還要把他從教會踢出去才對啊！

# 聖誕節的兩隻雞
## Gallo 與 Pollo Campero

　　瓜瓜國的聖誕節充滿濃厚的節慶氛圍，走在美洲大道上，兩旁的路樹和街燈裝飾著五光十色的聖誕燈飾，隨著夜幕降臨，Obelisco 廣場邊的聖誕市集也點亮了燈火，成為情侶約會、家庭聚會的理想場所。廣場中央，矗立著一棵高達 45 公尺的聖誕樹，是瓜瓜國聖誕節的象徵。

　　通常聖誕樹的頂端，我們會看到一顆代表耶穌誕生的伯利恆之星，但在瓜瓜國，這棵全國最高的聖誕樹的樹梢上卻是掛上了一顆雞頭！別急別急，瓜瓜國絕對不是什麼邪教王國，這個聖誕樹又稱公雞樹（Árbol Gallo），這樹上的雞頭，正是瓜國最大啤酒品牌——Gallo 的品牌標章。

　　Gallo 啤酒自 1881 年創立以來，已有超過百年的歷史，在瓜瓜國的市佔率高達八成，幾乎成為每場慶典的核心元素。每年年底，Gallo 慷慨地贊助首都及其他大城市的聖誕燈飾和各種

CHAPTER 5
節慶

慶祝活動,而公雞樹點燈儀式(Festival Árbol Gallo)也成為瓜瓜國民不可錯過的年度盛事。

上萬人湧進 Obelisco 廣場,跟著台上明星勁歌熱舞,全國 35 個大城也同步歡慶,一起點亮公雞牌聖誕樹,不能親臨現場的朋友還可以看電視轉播,正式啟動歲末年終的節慶序幕。

這個自 1985 年就開辦的聖誕樹點燈活動,是瓜瓜人絕對不能錯過的盛事,而另一個許多瓜瓜人從小到大共同的聖誕記憶,則是每年 12 月初在首都五區的運動場 Campo Marte 熱鬧上演的高空煙火秀。

這絢爛繽紛的高空煙火秀,不是市政府或是文化部主辦,而是由另一隻「雞」出資主辦:卡貝樂炸雞!

卡貝樂煙火（las Luces Campero）也已經有 30 年的歷史，煙火當天傍晚，瓜國人全家人手牽手擠到運動場佔位子，小朋友買了棉花糖、糖蘋果，在冷冷的冬夜中，跟家人一起仰頭欣賞燦爛的卡貝樂煙火，發出一次又一次的讚嘆與歡呼！

至於跨年煙火，當晚的煙火是由家家戶戶自己所施放，如果從空拍機從上往下看，可能會以為首都正陷入一片槍林彈雨，不只槍炮聲不絕，火光四射，煙霧還籠罩整個城市上空。但如果你跟我一樣，身在高級住宅區當中（意思是鄰居都很敢砸大錢買一大堆低空煙火）那可是另一番光景。各色煙火在你頭頂上交織彩色火網，可能還有火星落在你肩頭上呢！

記得有一年跨年夜，我們家一人一貓哪兒也沒去，安坐在自家客廳從陽台望出去，只見鄰居精心籌備的絢爛煙火此起彼落，形同我個人專屬跨年煙火秀，只能說，此時能身在瓜瓜國跨年，真是太幸福了！

CHAPTER

# 6

## 瓜地馬拉
## 不思議

# 馬雅新年

有一天,我們福至心靈翻了一下馬雅農民曆,也就是卓金曆(cholq'il,或寫做 Tzolk'in),赫然發現:下個月就是馬雅新年!我們興沖沖地想看有什麼有趣的新年慶祝活動可以參加,到處搜尋資料,也問了瓜國觀光局、文化部、市政府,但是幾乎都沒有明確的答案,只查到摩摩斯特南戈(Momostenango)這個小鎮每年都會有新年祭儀,至於確實地點、儀式、流程、禁忌,更是完全不知。但是,我們是大無畏的旅人,驚奇之旅就是衝!

從首都一路驅車,沿途打聽,終於證實摩摩斯特南戈的聖丘(cerro sagrado)當晚的確有馬雅新年祭典,大約除夕夜晚上 11 點開始到隔天整個上午,都會不斷有人前往進行祭儀,在那之前還會有木琴表演呢!我們非常期待,於是晚上 9 點就提早動身前往聖丘,想卡個好位子拍照。沒有想到!所謂的木琴表演居然已經變成現代的大型演唱會了!舞台上的 Merenque 樂

CHAPTER 6
瓜地馬拉不思議

團,還有合音天使跟伴舞女郎熱情地歌舞歡唱著,喇叭高分貝向四方放送,巨大彩色電子螢幕快速閃動、強力光束穿梭掃射整個肅穆的聖丘。我們整個傻眼。

好險,這個驚嚇祖靈的演唱會,在晚上10點多就落幕。人潮散去,反向湧入的,則是提著香燭祭品,陸陸續續步上聖丘的祭司們。

在逐漸沉靜下來的聖丘,我們看到10餘位馬雅祭司在4個祭壇同時進行儀式,所獻上七彩繽紛香燭、松脂、香料不說,糖、糖果、巧克力、蜂蜜、肉桂甜麵包、餅乾等等,更是盡其所能的一添再添,最後更是浪漫地灑上許多花瓣。

原來,這些甜蜜蜜的東西,是祈求祖靈讓子孫的日子不那麼苦,來年一切平安順遂。

火跟煙是人與祖靈溝通的管道。香燭點燃後，所有的祭司開始喃喃禱念著，火焰越來越旺，將原本漆黑一片的聖丘照得通明。

　　接著，時不時，火焰神奇地像龍捲風一樣地，向上捲繞，向上竄起，一次又一次，一次又一次。

　　每出現一次火龍，祭司們就露出欣喜笑容：「祖靈開心了！」、「祖靈應允了！」

　　然後，祭司們持續往祭壇裡加添蠟燭、糖跟烈酒，當然火就越來越旺，熱力直撲頭臉全身。

　　整個祭儀大約持續到半夜 2 點。我們對於讓司機跟我們熬夜到這麼晚感到不好意思，但司機神采奕奕地回應說，原本，祭儀剛開始的時候，他因為開了一整天的車很累很想睡，而且右膝非常痛，沒有想到，在火焰一步一步撲向他之後，他全身痠痛不藥而癒，感謝我們讓他也可以參與這個神奇的儀式。隔

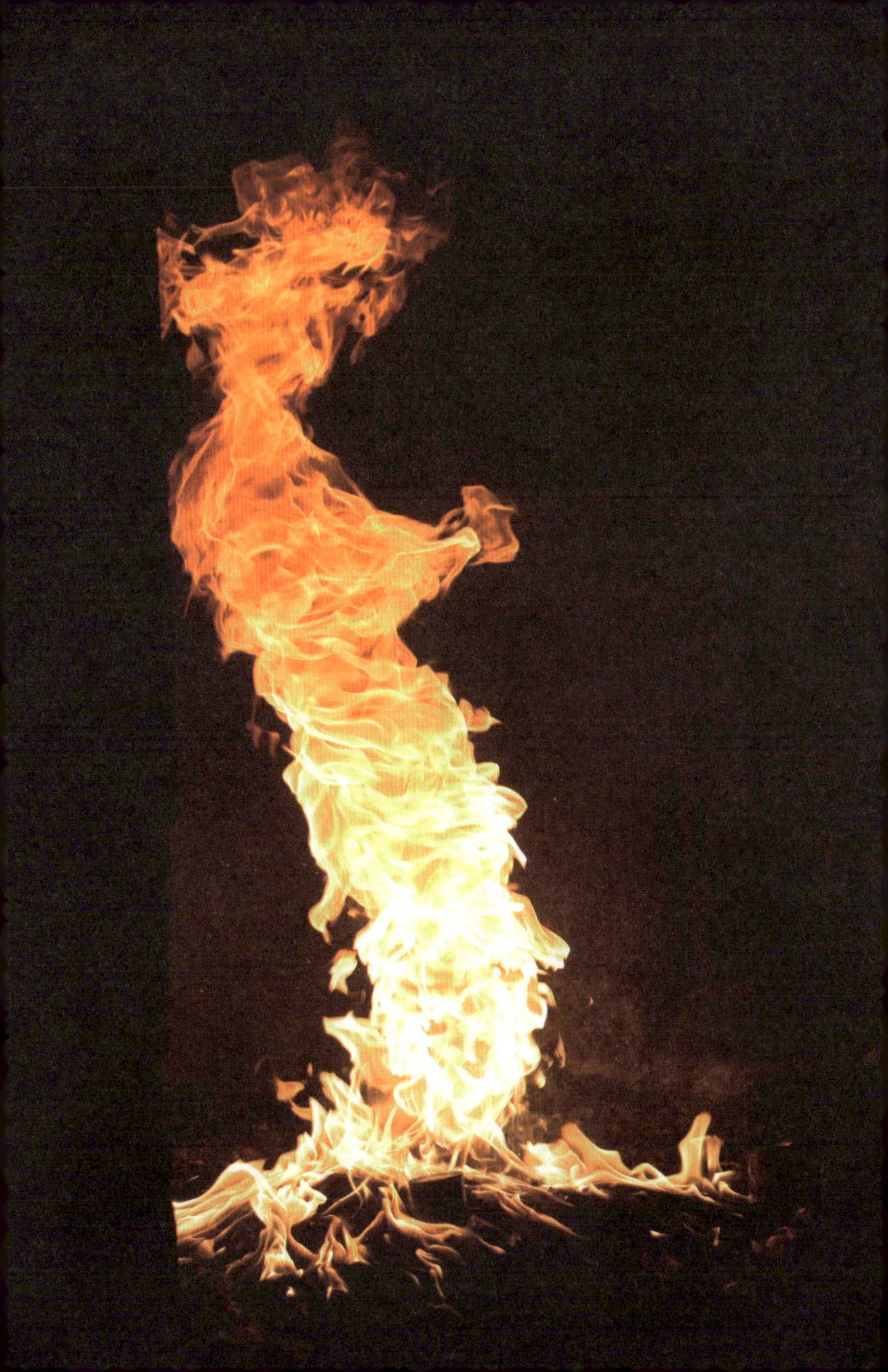

新年的第一天各家族也舉行自家祈福禱告儀式

讓你願望都實現的神奇藥水

天一早，司機大哥更是神清氣爽，祖靈能量果然超強！

新年當天一早，摩摩斯特南戈大教堂前的祭壇已經充滿人潮，火焰也燒得旺旺旺，但是再也沒有看到火龍了。聖丘上也湧進許多家族進行 Wajxaqib' B'atz' 新年祈福儀式。也看到很多的祭司引領祭儀進行，祈求開年事事如意。

聖丘上各家祭品都不盡相同，但莫不載滿各式的願望跟期待，希望健康、平安、事業順利，街上賣香燭供品的商店生意興旺，我們還發現新時代產品，幫大家把願望濃縮在神奇藥水（maravillosa loción）裡，在祭祖靈時，往火焰中灑灑藥水，不管是「錢快來」、「客人上門」、「閒話閉嘴」等等，不用自己向祖靈叨念，自然就會如願以償了！

CHAPTER 6
瓜地馬拉不思議

# 奇奇小鎮的兄弟會

我們走進 Chichicastenango（奇奇卡斯特南戈，簡稱奇奇〔Chichi〕）傳統市場裡的一家咖啡廳，店名叫做 Los Cofrades，西漢字典譯為「教友會」或是「兄弟會」，我則是不負責任地翻譯做「宮廟管理委員會」。為什麼呢？稍安勿躁，各位看倌，您待會就會明白了。

話說這家咖啡店的老闆咖啡手藝不賴，我們一邊喝著卡布奇諾，看著店外水果攤、日用品的小販忙碌吆喝招呼，聽老闆跟我們說起這間咖啡店奇妙故事。

這家小店，其實是他兒子開的。起因是幾年前，村裡的長老突然說要他兒子去當 cofrades 宮廟委員。

宮廟委員會的任務，就是侍奉天主教的某一位聖徒主保神（Patrón）。在奇奇，除了最重要的聖湯瑪士（Santo Tomas）主保神之外，還有 10 多位重要的聖徒，都各自有自己的組織，稱作 Cofradía。傳統上，要鎮上受眾人信賴、已成家、會說當

聖托馬斯主教座堂

地族語 K'iche'語的男子才會被選中去當宮廟委員。而他們的職責,就是每天一早去開廟門,灑掃、供花、獻香,再來就是信眾上門「問事」時,他們要幫忙傳話翻譯,甚至主保神會託夢給他們,讓他們去幫信眾解決疑難雜症。

當時,咖啡店老闆才剛大學畢業,單身,是個在首都工作的普通上班族,而且還不會說族語。但是長老還是把他放入宮廟委員名單。據說,長老須就著名單上的人選,逐一向神明請示,請示的方法是用紅豆占卜,由長老解讀神諭(紅豆排列的方式)決定是否入選。

老闆向神明解釋他兒子種種不合適的理由,但神明降旨仍執意要他,畢竟侍奉神明的事情不好太過推辭,兒子只好接下

宮廟委員一職,開始每週末通勤返鄉服事。

後來,兒子覺得在神手下做事很好(我想比在人類手下工作有意思),就辭掉首都工作,回家鄉開了這家咖啡店。

故事到這裡,我們聽得津津有味,想知道不會說族語的小夥子,到底要怎麼幫忙「問事」?

老闆爸爸說,他兒子慢慢會說一點族語了,但是,奇奇是個觀光城,世界各地來的觀光客非常多,他們也都跑去請求主保神解決各種疑難雜症,宮廟委員不只要會說族語,有時還得會說點英文、法文呢。但是,萬一遇到宮廟委員不會的語言,像是法語、義大利語,甚至中文,那可怎麼辦呢?據說,這時候主保神 Patrón 就會指示:到冥界去找翻譯!

Patrón 會下指示:「來人啊!找一個會說 K'iche' 跟 XX 語的上來人界傳譯!」據說,當那個冥界來的雙語傳譯到現場報到時,現場的人會感覺到有人碰一下你的身體或手臂,得到這個訊號,就表示可以開始問囉。

哎呀,這可太神奇啦!讀到這兒,膽子大的人,是不是跟我一樣很想趕快去宮廟委員會掛號問事,體驗一下冥界感應呢?衝動之前,請容我再多說幾句。

宮廟委員侍奉的主保神,雖然表面上是天主教的聖徒,但是內裝則是不折不扣的馬雅傳統信仰。以祖靈的概念來理解或許更為貼切。

據說祖靈法力無邊、非常靈驗,曾有個法國人來問事業,想問為什麼在法國經營的事業難有起色?祖靈直言:「你的妻

子與會計聯合偷你的錢啊,回家以後需快刀斬亂麻處理掉他們,你的事業就會一飛沖天啦!」法國人回家果然抓到妻子不忠,也抓到會計做假帳。從此,每年來瓜還願謝恩。還有個義大利人來問健康,祖靈說:「你的鄰居給你下了符咒,讓你一直生病消瘦,取聖水回家服用,你就會康復了。」結果義大利人喝下聖水,回到旅館嘔了一晚頭髮、指甲等髒東西,自此痊癒,也是每年要來瓜國宮廟還願敬拜。

瓜瓜國的傳統信仰跟西班牙殖民時期強行施加的天主教信仰,歷經數百年的衝突、融合、轉型,最終體用交融,或是說「借殼上市」。奇奇小鎮就是一個典型的案例。

奇奇卡斯特南戈在西班牙人「發現」新大陸之前,本就是馬雅世界的信仰中心,西班牙殖民者為強迫當地人改宗,拆除原本的神殿,在神殿的地基上造了最有名的聖湯瑪士大教堂。如今各地觀光客逛完繽紛炫目的馬雅市集後,必到這美麗的白色大教堂前打卡。

這間創建於 1540 年的正宗天主教主教座堂(cathetral),神父都是羅馬教廷指派的,但是,在主教座堂內的前廳,居然有個焚燒祭品的平台,教堂外側也配置著傳統馬雅信仰的祭台。教堂內廳兩側的耶穌聖母及眾家聖徒雕像,個個都身穿馬雅傳統服飾。

我詢問當地人,這樣的馬雅傳統信仰配置,羅馬教廷接受啊?隔壁桌也在喝咖啡的阿伯跟我笑笑說:「有的神父願意配合,有的不願意。像現在這個新來的神父就很死腦筋,堅持正

統天主教的體例。不過,他來了這 2 年身體一直不大好,我想,他應該快要願意配合了啦!」(抖)

所以啊,就算是大無畏旅人,如果想要體驗瓜瓜傳統宮廟文化,還是要做好還願跟服事的心理準備喔。

# 躲警察的地下神明
# 馬席夢

阿蒂德蘭湖畔的聖地牙哥是瓜國必遊景點之一。湖光山色,風景如畫,如果旅人想要來點不同的體驗,不妨前往參觀／參拜一個非常靈驗的地下神明馬席夢(Maximón)。

這個非常神秘的神明是當地重要的民間信仰,在西班牙殖民時期被嚴格禁止。傳統信仰遇上官方信仰怎麼辦?當然就是轉地下化。馬席夢由聖地牙哥當地十大家族輪流守護。平時都藏在閣樓,有需要的時候才偷偷地請下來。

在今日的聖地牙哥,雖然已經不用躲避政府跟天主教會,但是仍沿襲著十大家族輪流服侍的傳統,輪到的家族／爐主照顧神明馬席夢 1 年,每日供奉,還要接待絡繹不絕的訪客。

我們拜訪的這一天,隨侍在旁的是一位 17、18 歲的少年。他說他 12 歲的時候生了一場重病,藥石罔效,他的母親來請求馬席夢出手拯救。少年說他在病榻上聞到薰香的味道,就知道是馬席夢來看他了。隔天他馬上不藥而癒。從此他每天到神

明這來服侍,絕無二話。

馬席夢的神像很特別,身體是用布料跟玉米包葉層層捆紮而成,頭是用南瓜或是木頭戴上莉桐木雕刻成的面具,穿上當地男子的衣服和帽子,身上則是披掛了非常多條絲巾。

嚴格來說,馬席夢並不符合我們傳統上認定為神明該有的普渡眾生、慈眉善目的形象,祂抽煙、喝酒,而且只問信仰是否虔誠,不太過問信眾所求是否符合所謂公平正義。

少年說,如果要請求馬席夢指點迷津,首先是要敬菸,真的點燃放到神的嘴裡,再來是要敬酒,通常是酒精濃度 35% 的鹿牌蘭姆酒(Venado),而且真的要倒入神像的嘴裡,被祂布紮的身軀吸收。

信徒當然都是帶著各種疑難雜症而來,馬席夢給的處方也都不盡相同,有時候會指示取下祂身上一條絲巾讓信眾帶回家保庇平安,有時候祂會親自到祈願者家察看或是托夢,並且施展法力,就像醫治那位青年一樣。有時候,祈願者如果是想要讓他的冤仇人難看,據說馬席夢可能會要求拿相當程度的還禮,甚至可能是祈願者的一隻眼睛或是一條腿。

當地人也向馬席夢祈求農作豐收。在每年乾季要結束的時候,也約莫是復活節時期,宮廟委員會必須進行「進貢水果」(La traida de corozo)的儀式。這水果可不是隨隨便便的水果,必須由族裡的耆老帶著年輕人組隊專程前往百餘公里外海岸低地(聖地牙哥在高地),徒步背回香蕉、可可、白可可等熱帶水果當作祭品來祈求豐收,沿途還要經過同族的村落(祖督希

## CHAPTER 6
### 瓜地馬拉不思議

族)進行各式祈求儀式。水果帶回來呈給馬席夢之後,整個復活節 40 天大齋期,耆老們必須時時細心維護這些水果,要以鮮花焚香祝禱,要說好話、存善念。萬一有某一顆水果先熟了,甚至爛了,就要趕快換掉,務必確保在復活節的聖星期三那一天,所有的水果同時熟透了,這樣就表示今年將是個豐收年;但如果有水果爛了或是沒熟,那就表示今年將有災厄。

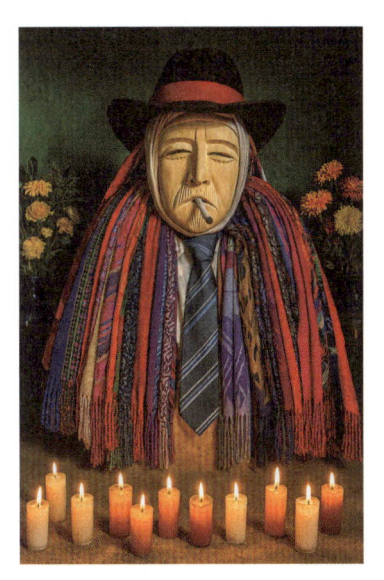

在復活節期間,輪值爐主也會為馬席夢換上新裝,把布紮的部分全部拆卸下來換上新的,再穿上一件由族人婦女用阿蒂德蘭湖水洗淨的衣服。

有一派說法,說馬席夢其實是 Rijlaj Mam,一個古代馬雅信仰中將天與地分開的創世紀之神,但因為祂同時也具有強大的毀滅力,人們只有在大災難發生的時候,才會將之從地府請出來。數百年前,阿蒂德蘭湖區周圍各個城鎮妖孽

馬席夢是抽煙喝酒的非典型神明

四起,疫情肆虐、族人紛紛上吐下瀉,傷亡慘重。耆老跟神父決定要請這位神明出來壓制作亂的妖孽們,但因為事出緊急,沒時間雕刻神像,只能草草以布紮神像上陣。Rijlaj Mam 以馬席夢的形象回到人界後,馬上平定所有惡魔妖孽,但是祂要求

217

族人必須讓祂成為族裡的主保神,並且給予天主教聖徒的地位作為回報。因此馬席夢同時也是聖徒聖西蒙(San Simón),在聖地牙哥市中心的天主教堂旁邊,也為他設立了一個專屬的禮拜堂(capilla)。可以說又是一個天主教與馬雅傳統信仰結合的有趣例子。

說了這麼多馬席夢的故事,我則是一直記得我們第一次參觀/參拜馬席夢之後,司機跟我們說,他陪在我們旁邊的時候,其實偷偷擔心著,怕我們對異教文化嗤之以鼻。還好我們大家都抱持恭敬有禮的態度,才讓他鬆了一口氣。他說,有一次他當司機,帶一整台遊覽車的美國大學生去看馬席夢,這群毛頭小孩嘻嘻哈哈地,還拿馬席夢開玩笑,結果不僅車子一路一直拋錨,行程最後一天還出了一場車禍。

倒也不是說寧可信其有,對我而言,探索與認識不同的文化與信仰,是我不斷出走認識世界的原動力;相互尊重與嘗試去理解的心,則是結交新朋友的關鍵。旅人朋友們,如果你有興趣揭開表層的現象,開啓奇妙異世界之門,好奇與尊重就是我們的通關密語喔。

CHAPTER

# 7

## 神秘馬雅

# 馬雅文明崩壞？
# 馬雅人憑空消失？

　　長久以來，網路謠言盛傳，馬雅文明曾經高度發展，有精密的曆法、數學、宏偉的建築，但突然一夕之間崩壞了，繁榮的城市成為廢墟，為數眾多的馬雅人也突然從地表上消失（甚至是被外星人接走了），一連串的神秘謎團至今無人能解。

　　但，真的是這樣嗎？真相平淡無趣的程度，可能要讓寶傑跟喜歡搜奇的朋友失望了。

　　先說結果：馬雅文明沒有一夕崩壞。那些被遺棄的城市，有些是因為征戰下被擊潰，人民被迫逃亡或流離他鄉，或者是因為當地自然資源耗竭，再也無法支撐眾多人口，居民為謀生計，只得移居他處；還有一些則是因為西班牙人暴力征服或傳染病而導致的人口銳減。時至今日，仍有數百萬甚至千萬的馬雅人活跳跳地在中美洲各國生活著，他們的文化也不斷地轉化

CHAPTER 7
神秘馬雅

演進,持續傳承迄今。

我本來也以為,中美洲的歷史就像是課本上寫的一樣,以哥倫布「發現」新大陸的1492年,劃一條線,在那之後,整個拉丁美洲就像是翻書一樣,馬雅原住民文化全面被西班牙／天主教文明取代。

閱讀了越來越多資料,才發現,西班牙人到達中美洲的時候,當地有大約40個城邦王國,沒有所謂大一統的馬雅帝國好讓西班牙「一舉」征服,而殖民者也根本沒有能力有效控制並治理整個中美洲,許多邊陲的馬雅城邦,政權仍延續到17世紀才被摧毀。例如在瓜地馬拉北部蒂卡爾附近的北碇伊察（Petén Itzá）王國,一直到1697年才被西班牙政權征服。甚至還有一小群馬雅人居住在墨西哥猶加敦半島的Dzula地區,堅

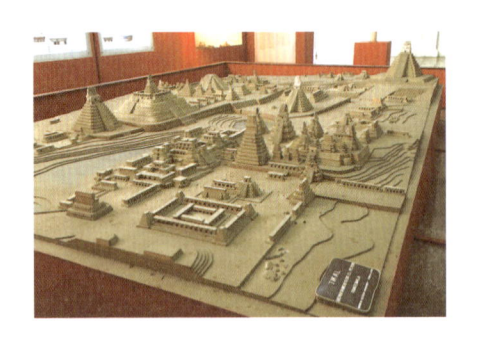

持抵抗殖民統治,甚至墨西哥獨立建立共和國之後,他們繼續以游擊隊形式反抗並要求原住民自治權,一直到 1933 年,才被墨西哥軍隊擊敗,可說是歷史上最後一個被征服的馬雅獨立政體。

即使在西班牙宣稱已征服的地區,其實也只是點狀控制了主要城鎮,在殖民城鎮與城鎮中間的廣袤地帶,仍然少有西班牙人的蹤跡。西班牙殖民政府在中美洲其實是實行一套雙軌併行的統治制度,如果是西班牙人後裔或是混血(Mestizos)居民為主的地方,就實施「西班牙共同體」(República de Españoles),由西班牙人擔任行政長官,遵行西班牙法律及常規,信奉天主教信仰。在馬雅原住民的地區,則施行「原住民共同體」(República de Indios),是由西班牙政府指定人選出任行政長官,大多是由原住民貴族擔任,算是一種間接統治。而且在不違背西班牙法律的前提下,原住民共同體可以擁有一定程度的自治。這些地區的人民不改原本的馬雅姓氏,持續說著他們的語言,種著歷代祖宗傳下來的玉米。在宗教方面,雖然天主教教會強力要求原住民改宗,但是馬雅人也很聰明地用陽奉陰違的方式,用天主教的形式包裝傳統的自然多神信仰,而形成一種奇妙的兼容信仰。

CHAPTER 7
神秘馬雅

更特別的是，馬雅古典時期原本就有大批的書寫官跟藝術工匠，他們在殖民時期則轉而擔任「書記官」或是「公證人」的角色。他們放棄原本雕刻或書寫在石碑或陶罐上的象形文字，改用羅馬拼音來書寫馬雅文書，像是土地權狀、訴訟的法律文件，或是起草要求減輕勞役或是表揚／譴責某位西班牙官員或傳教士的請願書，都是用羅馬拼音書寫基切文或是克奇奎等馬雅語言。這些文件會從瓜地馬拉送到墨西哥市的總督府，甚至送到西班牙國王手裡。這些書記官也把馬雅的歷史、曆法、植物學、醫學等知識，用拼音的馬雅文本抄寫或紀錄下來，稱為典籍（título），使得寶貴的馬雅文化資產得以留傳後世。

今日的馬雅，雖然沒有獨立的馬雅人城邦，但仍有大約 800 萬的現代馬雅人，他們服裝打扮有的堅持傳統、有的西化，有的說馬雅語、有的說西班牙語、有的雙語或多語，信仰也越來越多元，天主教、新教或是傳統信仰都有。他們散居在瓜地馬拉、貝里斯、宏都拉斯、薩爾瓦多以及墨西哥南部，甚至遍及美國、加拿大及歐洲。

另一個有趣的馬雅迷因則是 2012 年的末日預言。多年前，網路盛傳馬雅的曆法預測 2012 年 12 月 21 日是世界末日，馬雅文化突然備受關注。但事實上，那只是馬雅的「長紀年曆」第 13 個 Baktun 週期的結束，即將展開下個週期，如此而已。至於真正的世界末日，網路有一說是西元 4772 年 10 月 13 日。這個……，到時候，我想行筆至此的我，跟正在閱讀本書的各位，我們應該都不在了，恐慌也是輪不到我們啦。

# 馬雅文明與
# 中國古文明

馬雅文明天生就帶著許多謎團，到了近代，許多穿鑿附會怪力亂神的都市傳說，使馬雅人神秘的形象更加屹立不搖。當然也有一些以貌似嚴謹的論述，包裝缺乏證據的偽科學推論。其中一個就是馬雅文化與中國上古文化的關聯性。

## 文字

我坦承，我第一次看到馬雅象形文字的時候，心裡也覺得這四四方方的方塊字跟中文字還真有點像啊！也想知道兩個文明會不會有什麼關聯性，畢竟大家都聽過美洲原住民的起源，是在冰河時期從亞洲走過白令陸橋移居到美洲的。

馬雅的文字非常複雜，通常一個字是由多個元素組成，字的型態也極為多元，可以是象形、表音，也可以是象形跟表意符號結合，有時還有數字，一個字就可以涵括頗為複雜的內涵，還真的跟中文字的結構頗為類似。在書寫藝術上，馬雅文字有

CHAPTER 7

神秘馬雅

多種書寫法,尤其是那些畫畫的部分:蝙蝠頭或是骷顱頭,可以有多種不同表達的形式,跟中國甲骨文、大篆、小篆等等多元書寫體的情況也頗雷同。

但是事實上兩個書寫系統是完全獨立發展的。中國的文字在西元前 1,200 年就已經發展成熟,馬雅則是到西元前 200 年才開始,至西元 250 年漸臻成熟。而馬雅文的一個方塊字,音節與圖符並沒有固定的寫法,這與中文規則也大不相同。

馬雅街頭常常賣刻上馬雅文字飾品,我個人認為應該要拿去開模做巧克力或是鳳梨酥,變成瓜國特色紀念品。方方正正的超級好做又可愛,這麼棒的 idea 誰來幫我實現一定賺大錢!

# 玉

除了文字相似之外,馬雅人跟漢人一樣都喜歡玉。

馬雅帝王陵墓出土文物裡面有許多的玉器。像是 Palenque 國王 K'inich Ja-naab Pakal I 是古典時期一位重要的馬雅國王,他的陵墓中,陪葬品包含玉面具、玉戒指、玉耳環跟玉珠子串成的項鍊與手鍊,以及大量的玉製工藝品。在馬雅的信仰裡面,玉的綠色象徵豐饒大地、生命力與再生。因此馬雅人陪葬品喜歡用大量的玉器,即使是平民,也會在亡者口中放一顆玉珠,給予他們到死後世界再生的力量。

　　古代中國人則是認為玉有除凶去害和避邪擋煞的效用,用玉器塞住死者的九竅,可使屍身不腐、精氣長存,進而獲得永生的機會。

　　其實台灣新石器時代的考古遺跡中也發現許多玉器,台東卑南遺址挖出 2 萬多件玉飾陪葬品,包括裝飾在頭部的玉鈴串飾、圓柱型玉管、臂環;還有細緻工藝品「人獸形玉玦」是雙人並列,雙手叉腰,頭頂站著一隻雲豹,已經納入「國寶」。紐西蘭毛利人也是將玉器視為珍貴的傳家寶,可以保佑佩戴的

CHAPTER 7
神秘馬雅

人平安,也創造與大地靈性的連結。

所以說啊,只要當地產玉,自然就會加以應用,並且發展出跟玉相關的文化意涵。不能因為同樣愛玉(好吃),就逕自推論不同文化彼此從屬或關聯。

## 龍和羽蛇神

馬雅羽蛇神的形象是一個蛇頭,配上長長的蛇身,與中國的龍神都是主宰雨水的神靈。在古代高度仰賴農業維生的社會,雨水攸關農作收成,如果風調雨順,自然國泰民安,因此,羽蛇神跟龍神順理成章成了人民崇敬的神靈。甚至從宗教上的信仰,轉化成了文化認同象徵,例如崇敬羽蛇神是橫跨墨西哥到瓜地馬拉,並及於薩宏貝三國,形成美索文化的共同元素;而四海中國人都認為自己是龍的傳人,也都共享祥龍獻瑞的意涵。

但如果進一步探究,會發現龍和羽蛇神仍頗有差異。首先在外形上,羽蛇神是鳥與蛇的合體,在蛇形的身上覆滿鳥羽,有翅膀沒腳。中國龍則是角似鹿、頭似牛、腹似蛇、鱗似魚、足似鳳,是沒翅膀有腳。羽蛇神不只代表雨、代表風,更象徵著月亮盈虧、天與地、

古馬雅陶罐上的綠咬鵑

生與死，陰陽二極相生的萬物循環復始宇宙觀。中國龍則是天庭降雨的使者，能夠讓人們豐衣足食，也是皇權及尊貴的象徵。

## 月亮與玉兔

馬雅的傳說裡面，月亮女神是 Ix Chel，有關她的雕像或是繪畫，幾乎身邊都伴隨一隻兔子，幾乎是嫦娥玉兔的馬雅版本。

原來，喜歡觀測天文的古代馬雅人，也認為月亮上的那個陰影形狀看起來像是一隻兔子，而兔子繁殖力超強，因此月亮便象徵著生命循環及生育力。所以月亮神 Ix Chel 出場時，當然也要讓她帶著兔子。Ix Chel 同時也掌管醫藥跟織布。因為她會保佑產婦平安，所以也擁有使用藥草及治癒能力；她也是主宰創意跟技藝的女神，因此她的形象也常常手拿紡錘。

我個人不負責任地評論，這位 Ix Chel 女神也太忙了，完全反映出女人不分古今、是神是人，總是要扮演多元角色及承擔無限責任，月神根本就該畫成千手觀音才對嘛！

中國的月亮傳說都是環繞在嫦娥身上。相傳，嫦娥因吞下仙藥飛升到月亮，月兔陪她一同住在月宮。這個兔子也會搗製長生不老藥。

不管你在地球上的哪裡，不管古今中外，天空上掛的都是同一個月亮，大家的想像力也都是差不多啦，呵呵。

## 抓周

古代馬雅人在女嬰出生 3 個月或是男嬰出生 4 個月的時候，

會幫嬰兒舉辦一個類似基督教洗禮的儀式，稱作 Hetzmek。父母會邀請祭司及親族長輩來參與儀式，進行一系列儀式，例如把嬰兒的雙腳分開，象徵即將邁向人生旅程；給小孩吃蛋，象徵打開心胸面對世界；給小孩南瓜籽，象徵成長及潛力。接著，還會準備 9 樣物件，象徵嬰兒長大成人必須具備的社會技能，女孩子的話，就是針、線、瓢等女工及烹飪相關用具，男孩子則是彎刀、斧頭、掘土棍之類的捕獵農耕工具，充分反應社會角色期待。儀式由祭司將 9 樣物品逐一放到孩子手中，然後托著孩子繞著桌子走一圈，一邊告訴他物品的用法，然後說：「帶走吧，這樣你就會了！」

這跟華人傳統的「抓周」頗為神似，台灣會在嬰兒滿周歲，也就是「度晬」的時候，進行抓周儀式。儀式中也是會準備各式祝福物件給小孩沾一下，並且說些吉祥話，像是紅龜粿，象徵長壽富貴、抱蔥會聰明、抱芹菜知勤奮等等，還會準備各種象徵職業的小道具，讓小孩隨意抓取，預測長大的發展或喜好。

相較之下馬雅父母比較獨裁，孩子面對社會期待只能照單全收，華人父母（似乎）相對開放，雖然準備周全，但願意放手讓嬰仔自行決定自己的人生。

# 馬雅農民曆

　　說到馬雅文化總給人一種神秘、不可思議的感覺，如果網路搜尋「馬雅」，率先出現的也總是一些馬雅十三月亮、馬雅曆法能量、馬雅星座等等神秘學的玩意兒。但是，那些絕大多數都是現代人穿鑿附會而創造出來的，跟馬雅古文明可說是一點關係也沒有。

　　但是馬雅曆法裡有一個東西，倒跟我們的農民曆有點類似。馬雅有兩個曆法，一個是 365 天的哈布曆（Haab），另一個則是 260 天的卓爾金曆（cholq'il，或寫做 Tzolk'in）[1]。卓爾金曆有 20 個納瓦爾（Nawal）日符，1 天一個納瓦爾，20 天一個循環，13 個循環則為一個卓金年。卓金曆是馬雅人性靈活動

---

[1] 卓爾金曆的確切起源仍屬未知，有一說是，卓爾金曆是由以 13 與 20 為基數的數學運算而來，13 與 20 對馬雅人來說是很重要的數字。20 是馬雅數字系統的基數，來自於人類手指與腳趾的總數，而 13 象徵著神明所居住之天界中的層級數，兩個數字相乘等於 260。另一個理論提到，260 天的間隔是從人類的孕期而來，這個數字與從第一個該來卻沒有來的月經期開始算起，到分娩期間的平均天數很接近。

CHAPTER 7
神秘馬雅

的指引,規範每一天適合做什麼事,不適合做什麼事,上面會記載一些儀式活動的指引,像是吉時煞位宜婚娶忌安床入灶等等⋯⋯。在古代,平民家庭的馬雅人,會用出生那天的納瓦爾日符來給小孩取名字,而且相信日符會決定孩子與生俱來的性格跟命運。

以我出生那天為例,當天的日符是 Kame,代表動物是貓頭鷹,主宰元素是「死亡」,死亡在這裡並不是負面的意義,而是一種「永恆的現在」(eternal now)。

這一天可以與祖先的世界有著特殊的聯繫,與其他世界

（出生前或是死後世界）的交流是可能的，適合追憶逝去的家人還有追尋內心的平靜。在這一天，不管好的壞的都將在這結束，適合寬恕與和解。這一天也要特別小心意外發生，不要尋仇、挑釁，否則可能會有血光之災。

這一天出生的人，他們的個性沉穩自制有耐心，對於精神上、形而上的東西特別敏感，適合當哲學家、精神科醫師，還擅長通靈，如果他們投入馬雅靈學，很快可以學會預知未來。他們常常比較女性化或雌雄同體，他們是偉大的旅行者，許多人注定要環遊世界。因為他們承擔著許多前世業力的重擔，所以生命中充滿戲劇化的起落，但同時也享有聖靈的保護，他們一生的教訓之一就是不要把自己的運氣視為理所當然，而要永遠為自己的好運而感恩。

這樣的性格跟命運的預測是不是很神奇啊！

20個馬雅納瓦爾日符完整解說都在附錄，有興趣的不妨可以看看自己馬雅靈魂的性格與天命喔！

- 註解：

因為卓金曆與西元的日期無法直接對照，如果有興趣了解自己出生的納瓦爾日符，可以到以下本書的專屬部落格中查詢哦！

CHAPTER

8

在瓜國
發現台灣

# 古都裡的
# 台灣

　　銘黃赭紅的殖民式老宅院、鑄鐵窗花,石板老街、傾頹的修道院遺跡,精心雕琢的教堂,加上遠處冒著白煙的火山,這個有 500 餘年歷史的安提瓜(Antigua)古城,每每都讓初次造訪的旅人驚嘆她的美,疑惑這麼可愛的地方,怎麼會被藏的這麼好,知名度這麼低呢?然後再一致認同,這個未被主流觀光業者發現的璞玉,內行旅人都該保守這個秘境,共同守護她數百年來的典雅寧靜。

　　對瓜瓜人而言,安提瓜古城是他們文化上、精神上的原鄉,不管你在首都事業多麼成功、名聲多麼顯赫,如果家族沒能在古城擁有一座老宅,那,你就稱不上真的是號人物。

　　安提瓜古城更是瓜瓜人身體跟心靈的避風港。他們週末過來吃個庭園早午餐,做瑜珈、上教堂、爬火山,復活節、掃墓節、聖誕節來這裡參加慶典儀式,跨年來這裡聚餐趴踢放煙火。這裡更是他們跟家人共度每一個重要時刻的地方,求婚、

CHAPTER 8
在瓜國發現台灣

235

PUERTA SANTA
JUBILEO
LA MERCED

CHAPTER 8
在瓜國發現台灣

慶生、周年紀念日，甚至只是單純的想犒賞自己一下，都會願意自首都驅車 40 公里專程前往。

這裡同時也是瓜地馬拉人傳統文化及工藝的匯集地，木雕、鍛造鐵器、陶器、織布，繪畫，都在可以這裡找到它們的創作者，它們的孵育地，它們的展示場，以及找到願意欣賞它們、把它們帶回家的收藏家。

走在古城老街上，各式工藝品生氣勃勃地邀你來認識它，身著傳統服飾的婦人與小孩，會叨叨絮絮地向你兜售小飾品，甚至直遞送到你鼻尖上，請你鑑賞。

在安提瓜地標主教座堂（Catedral）後方有一家別緻的手工藝品店，Cuna de Maestros Artesanos（工藝大師的搖籃）小小店面，是 8 至 10 位安提瓜在地工藝師的直營店面。迥異於其他藝品店批貨買賣的純商業交易，小店風格明亮、寬敞舒適，更像是一個旅人與工藝職人對話的空間。

這家小店還有一個特別的地方，那就是這些工藝品背後都有著一點「台灣」元素呢！

這些看起來原汁原味的瓜國工藝品，怎麼會跟台灣有關係呢？原來，這家小店工藝師，全都是台灣技術團所輔導的業者呢！

台灣技術團在瓜瓜國的歷史已經超過 50 年，執行的計畫涵蓋極廣，在安提瓜這個特別的地方，台灣也以一個特別的計畫成為安提瓜的發展夥伴，那就是「青創新藝計畫」。

台灣專家實際走訪安提瓜，了解當地工手藝產業生態後，

提議導入台灣「一鄉一特產」的概念，讓觀光帶動特色工藝品採購。青創新藝計畫內容之一，是協助安提瓜周圍小鎮繪製觀光地圖，規劃經典旅遊路線，也輔導工藝家推出觀光工廠的體驗行程，讓觀光客有機會走入工藝家的世界，並且帶走獨一無二的工藝品與回憶。

此外，瓜國年輕人力充沛，青創新藝計畫也媒合青年設計師與傳統工藝家搭檔，讓老師傅精湛的手藝搭配文青設計師的創意與包裝，共同研發新產品，擴大客群，也提高產品附加價值。

台灣技術團也為他們開設各種輔導課程，諸如品牌管理、電子商務、金流管理、會計簿記等等，讓百年傳統工藝能夠跟上現代企業經營腳步。

技術團的技師告訴我，有一家跨越4個世代的原住民織

CHAPTER 8
在瓜國發現台灣

女家族，原本一屋子女性沿襲傳統，關在安提瓜近郊的家裡，埋頭織布，成品任由盤商喊價批走。後來她們開始參與台灣技術團的課程，每一堂課從不缺席。現在曾祖母帶著曾孫女已經知道如何經營自己的品牌，並且將故事注入織品，還學會在電商平台販售。這數百年不變的織布文化，在台灣默默地陪伴下，從古馬雅時期跨足現代，繼續在 21 世紀的市場上發光發熱。

　　如果你有機會走進這間安提瓜的特色工藝小店，請你拿起一件手工披肩、一個杯墊，或是一個木盤，這看似異國的紀念品，其實蘊藏著台灣與瓜瓜國間最溫馨的連結。

CHAPTER 8
在瓜國發現台灣

# 蒂卡爾金字塔旁的台灣特餐

　　蒂卡爾金字塔是訪問瓜國必遊景點,如果從瓜國首都或是貝里斯首都前來,大多會先到 Flores,再由此地進入馬雅叢林。花島(Island of Flores)便順理成章地變成馬雅之旅的進出門戶,以及叢林探險前後補給休憩之處。

　　花島是北碇依察湖(Peten Itza)邊的陸連島,小小的島上擠滿了民宿、餐廳、小酒吧以及世界各國的旅人,歷經一天馬雅叢林洗禮後,到花島找個面西的小餐館,等待夕陽燒紅整片北碇依察湖及無邊天際,是很多旅人必走的經典行程。

　　身為台灣人,到了這裡,當然不能錯過湖畔特有的「台灣特餐」:北碇湖特產的白魚(pescado blanco)搭配木瓜汁（licuado de papaya）。台灣特餐這神秘組合是不輕易揭露在菜單上的,要非常內行的台灣之友才知曉這道隱藏版套餐。其背後的故事?且聽我娓娓道來。

241

北碇依察湖是馬雅文明的心臟地帶，
湖畔落日是旅人不可錯過的絕美景色

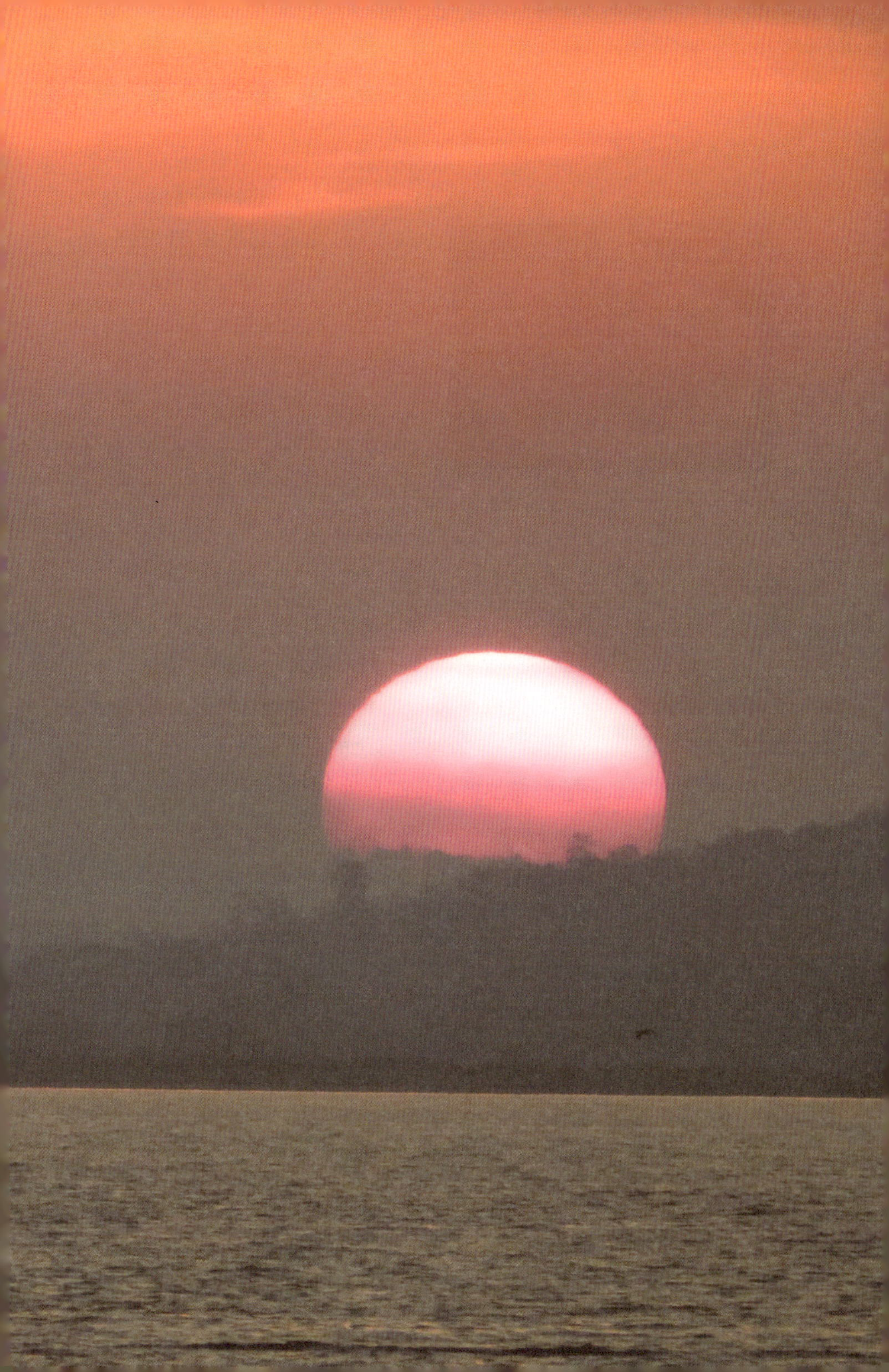

白魚 Blanco Fish（Santa Maria）

白魚是北碇依察湖裡的特有魚種，由於肉質細緻鮮美，頗受當地民眾及國內外觀光遊客喜愛，但因為過度捕撈，白魚竟然亮起絕種的警訊。於是，瓜國漁業局（UNIPESCA）找上了台灣幫忙。2003 年，台灣駐瓜地馬拉技術團在北碇的 El Remate 設立水產養殖中心，著手白魚人工繁殖的工作。

要進行人工繁殖的第一個動作，當然就是要先補撈野生白魚作為種魚。沒有想到歷經半年的搜尋，僅捕獲 170 尾，而達成熟體型者僅僅 60 尾左右，情況比想像的還要嚴峻。

技術團專家戰戰兢兢地把種魚飼養近 10 個月，終於等到牠們陸續成熟，2005 年終於陸續完成 7 尾次母魚排卵受精，累積珍貴如沙金的 3,500 尾小小白魚苗。技師們細心呵護餵養 3 個月後，魚苗體重達 10 至 15 公克，台灣團隊與瓜國漁業局一起把小白魚們放流北碇湖，成了現在北碇依察湖千千萬萬白魚的祖宗。

為了確保白魚不會再面臨絕種的危機，瓜國政府規定僅限用傳統漁法捕撈白魚，不得以大型商業漁船或大型魚網捕撈，以確保白魚能世代安居這祖先應許之地啊！

木瓜呢？木瓜當然不是什麼瀕臨絕種的珍稀物種，但是，把瓜瓜國木瓜（瓜瓜瓜）從後院尋常水果，變成能賺美金的熱

CHAPTER 8
在瓜國發現台灣

銷出口產品的幕後推手,除了台灣,沒有別人。

台灣人再熟悉不過的木瓜,其原產地正是熱帶美洲。最近更有研究指出,中美洲現存「野生」種的木瓜,已經過一定程度的馴化,而其馴化歷史正好跟馬雅文明的興起同時,因而推論現代木瓜的最早馴化種正是出自古馬雅人之手呢!

但是,早期瓜瓜國的木瓜個頭大甜度卻不高,當地人大多是加很多糖打成汁來喝。2005 年,台灣技術團再度登場,這次的任務是協助瓜瓜國木瓜外銷。技術團訪視當地產業,也帶著農民到處參加國際農業展,發現要打入北美或歐洲市場,要以高品質、高單價、耐運送的品項較佳,因此建議將台灣的「台農一號」木瓜引入瓜國。

台農一號的特色是個頭小、甜度高,可直接作為鮮食水果,更厲害的是,台農一號生命力強健,早生、抗疫病、產量高且耐儲運,完全符合瓜國開拓新外銷市場的需求。

台灣技術團首先協助當地政府建立台農一號木瓜示範農場,另外再設立一處符合北美、歐洲市場出口標準的水果包裝廠。歷經數年的推廣與輔導,當地農民慢慢掌握台農木瓜的種植方法,並逐步達到外銷客戶的一萬個要求,終於打響瓜國木瓜的品牌跟市場,成功外銷美國紐約、邁阿密,賺

取珍貴外匯。

不僅如此,台灣技術團輔導的水果包裝廠門外,總是有許多貨櫃卡車在場外排隊等候。原來他們是鄰國薩爾瓦多跟宏都拉斯的水果批發商,等著當日包裝廠淘選下來的次級品或是格外品,他們馬上接手銷往薩、宏等國。

2023年瓜國出口4,300公噸木瓜,產值達2,100萬美元,是世界第三大木瓜出口國,台灣木瓜儼然已成為瓜國重要的出口產業。

每年有超過20萬訪客到訪蒂卡爾,許多人都攀上了馬雅神殿、都嘗過白魚、很可能也都點了杯木瓜汁解渴,但是知道「台灣特餐」背後故事的人,往往不是歐美觀光客,而是在地的漁民、農民、卡車司機跟當地農漁業技術人員。

台灣跟瓜地馬拉的邦交,不只是兩國首都政治人物間的政治誓言,更是兩國人民踏踏實實攜手向前的每一天。

# 中華民國
小學

　　第一年到瓜瓜國的時候，雙十國慶日的系列活動之一，是到中華民國小學辦慶祝活動。

　　這間學校只收女學生，國慶日活動當天，每個學生都穿上漿得硬挺刷白的襯衫、一折一折燙得筆直的藍色百褶裙，兩股辮子紮得嚴實，還編上亮眼的紅緞帶。從小學一年級小小女娃到六年級的少女，全都一個模樣，看到我們就親切地用中文「你好！」打招呼，真的是太可愛了。

　　慶祝活動的一開始是4個學生儀隊扛著一大面青天白日滿地紅國旗進場，全體肅立唱國歌。接著，儀隊行至升旗台前，國旗交給升旗手，就在眾人齊唱「山川壯麗，物產豐隆」國旗歌聲中，國旗冉冉升起。還沒完，幾個貌似模範生的學生，到台上輪流背誦中華民國歷史及現況，包含人口（是2,300萬人，不是4萬萬人，吁～好險）及國土面積（是3萬6千平方公里，不是1,141萬平方公里）。我看得目瞪口呆，下巴合不攏。因

為這裡並不是華僑學校,這裡可是一間道道地地的瓜國公立小學啊!

原來,這間學校過去的確曾經是華僑子弟學校,後來由大使館協調僑社,捐給瓜國教育部使用,但是保留原名以資紀念。走進教室,牆上有ㄅㄆㄇㄈ注音符號表以及其他學習中文的海報跟教材。現在,這個學校高年級學生每週有 2 小時的中文課,不僅學中文,也教台灣的歷史跟文化。據老師說,在瓜國學習外語的機會有限,雖然中文真的很難,但是學生都非常用心學習。

看著這些乖巧的孩子,我彷彿走入時光隧道,回到我自己的小學時代,每天早上朝會,全校集合在大操場唱國歌升旗,小時候多希望有一天能被選作升旗手,覺得很帥。現在回想起來,司令台、升旗、唱國歌的,也未免太軍國主義,但是,在

CHAPTER 8
在瓜國發現台灣

異鄉漂泊多年,聽到一群非親非故的孩子一起大聲唱我們的國歌跟國旗歌,還是感動到掉淚啊!

在中華民國小學,我認識了當時教小朋友中文的老師歐麗雅(Marta Lidia Oxi)。歐麗雅是一位傑出的喀克奇奎族女性。她從小在 Chimaltenango 鄉下原住民部落長大,她一心想要去見見外面的世界。她先申請到美國獎學金到威斯康辛州的大學念天然資源管理,返回瓜國幾年後,又申請到台灣獎學金到政大攻讀企業管理。二度學成歸國,她已經是精通中文、英文、西班牙文及喀克奇奎語四種語言,以及具備天然資源及企業管理能力的國際人才。

在中華民國小學任教一段時間之後,她轉到 Sololá 地區一所新學校:MAIA Impact 原住民女子中學。

麗雅跟我說,MAIA Impact 收的學生都跟她一樣身兼四重弱勢身份的孩子:鄉村、貧窮、原住民、女性。而她比誰都清楚,唯有教育,才能幫助她們掙脫這重重的桎梏枷鎖。

MAIA Impact 學校每年招收 40 到 60 名 Sololá 地區原住民低收入家庭的女孩,提供全額獎學金讓她們接受西班牙文、英文跟喀克奇奎語的教育。在這裡,這些女孩被稱做「先行者女孩」(Joven pionera / Girl Pioneer)。因為,在瓜地馬拉,很多原住民女性 20 歲不到就已經懷孕生子,只有兩成以下有機會就讀中學,能夠進大學的更是少於 2%。因此,能夠來到 MAIA Impact 的她們,往往是家中第一位接受中學教育的女性,第一位有能力經濟獨立的女性、第一位認知到自己潛力及權利的女

性,也是第一位能夠跨越傳統及刻板藩籬,飛向無限未知可能的領航者。

歐麗雅她自己就曾是一個先行女孩,現在已經是 MAIA Impact 學校的共同執行長。很榮幸的,在她偉大旅途中,台灣曾是她的一個停靠站,也曾給予她一些滋養與協助。如今她成為一個新典範,如同 Maia 星一樣,指引著更多更多原住民女孩,航向未知的更美好未來。

# 巷口雜貨店裡
# 的台灣味

　　瓜瓜國美食多,但許多到城市打拼的上班族沒時間或是沒錢好好吃上一餐的人,最簡單的是到巷口雜貨店花幾個銅板買包零食、點一杯加了3包糖的即溶咖啡,或是買一碗泡麵墊墊肚子。泡麵這個亞洲非常盛行的食物,在中美洲倒是晚近才風行起來,並且成為家家戶戶必備的基本食材。瓜地馬拉政府每年公告的基本糧食籃（Canasta Basica）,是一個作為衡量基本家戶飲食物價的指標,2020年首度把泡麵給納入了,算是正式地把泡麵認作等同玉米、紅豆一樣基本飲食了。

　　話說瓜瓜國從高山到海濱、從都市到鄉村,每個街口的雜貨店一定買得到的泡麵就是 Lakymen。這個本土品牌的泡麵口味從經典款牛肉、雞肉、海鮮口味,到青檸螃蟹、辣味鮮蝦、老母雞湯,選擇眾多,雖然不像台式泡麵有個調味油包那麼講究,但是除了調味粉,還給一包很夠味的辣椒粉,加上麵體Q彈份量足,市佔率已經超過50%。而這款泡麵的幕後推手,就

巷口的雜貨店

是已經在瓜國深耕 40 餘年的台灣人李大哥。

　　李大哥為人低調，所以容我姑隱其名。李大哥熱心公益，常常匿名贊助瓜國的慈善活動，尤其熱心幫助小朋友受教育，長期資助瓜國當地近 2,000 名學童。每年開學季，李大哥總是義不容辭贊助瓜國當地的學童獎學金或是書包文具。此外，如果買一整箱的 Lakymen 泡麵，促銷贈禮不是什麼折價券或是泡麵碗，居然是文具組，由此可知李大哥對教育之重視與用心。

　　李大哥的事業蒸蒸日上，Lakymen 泡麵每月銷售量超過 200 萬箱，事業版圖更成功拓展到整個中南美洲，建立起一個跨國界的泡麵王國。但這個成功可不是天上掉下來的。

　　李大哥早年也嘗試過不同的事業，賣過生活百貨、美耐皿餐具，甚至跑遍大城小鎮，到一個又一個的原住民部落趕集擺

CHAPTER 8
在瓜國發現台灣

左上｜台式挫冰
左下｜Lakymen

右｜台灣小吃車輪餅

攤。一個人顧攤沒有人幫忙照應，常常忙到連吃飯、上廁所的時間都沒有，或許因為如此，他特別能理解基層庶民的辛苦。他更是一個劍及履及的人。有一次，我們大使在餐廳款宴李大哥，李大哥提早到了，他發現餐廳包廂的門呀呀作響，他絲毫不在意他西裝革履大老闆形象，蹲低身子仔細檢視這扇門，喃喃自語說，門框有點歪了，門軸該上油了，然後拿出護手霜給門軸一點滋潤，推門的呀呀聲馬上沒了，但是他仍然叫來餐廳服務生，叮嚀說這門軸要上潤滑油，門框要找師傅來看啊。這

樣一個小動作,讓我打從心裡佩服,證實李大哥的成功不是靠背景、不是靠運氣、而是踏踏實實、兢兢業業地做好每一件小事。

　　我們身為異鄉遊子,也常常受到李大哥關照,三不五時獲邀到餐廳打個牙祭,他知道我們常加班,總是不定期送來泡麵。每次我們跟公文電報拼搏到半夜時,打開卷櫃拿出一碗 Laky-men,燒個開水再悶上 3 分鐘,馬上就有一碗美味泡麵,唏哩呼嚕吃完,我們的台灣胃和心都得到救贖,立刻滿血復活,為台瓜外交再戰。

CHAPTER

# 9

## 近代馬雅的悲歌

# 一路向北
## 苦澀又甜蜜的美國夢

　　驅車要進到瓜國西部第二大城 Xela 之前,一定會經過一個醒目的大圓環,圓環中央是個巨大的雕像,一個背著簡單行裝的人,舉起右手,好像是要跟前方來人打招呼。下方一排字寫著「向 Salcajá 移民者致意」（Homenaja al emigrantes Salcajense）。當地人把這裡叫做「移民者圓環」（Retonda de emigrantes Salcajá）,是各路想要移民（偷渡）往北美的人的集合地點。大家在那裡結伴同行,圓環位在泛美 1 號公路上,找個願意讓人搭便車的大卡車也相對較容易。

　　我感到震驚。企圖非法偷渡的人,就這樣大喇喇地在馬路邊集結？而當地政府居然還做個雕塑藝術鼓勵他們？

　　事實上,自從美國總統川普在 2018 年大張旗鼓宣稱要在美墨邊境築牆防堵非法移民,移民新聞三不五時就會進入大眾視野。中美洲各國移民甚至組成大篷車隊（caravana）,一行數千甚至上萬人,牽著小孩、背著娃娃,明目張膽地要直闖美

Homenaje al Emigrante Salcajense

墨邊界。這樣的篷車隊很多從宏都拉斯或薩爾瓦多開始集結往北，進入瓜地馬拉匯集更多人，繼續往北進入墨西哥，目的地當然是美國。一路上，教會等慈善團體會提供餐點或住宿，卡車司機或是私人車輛會載送他們一程，甚至有時候，途經國的政府還會派巴士把他們送到下一個國境邊界上。

這一切似乎匪夷所思的事，為什麼對中美洲人而言是合情又合理呢？

我曾經在瓜國西部山區跟一位農民聊天。他告訴我，2年前他曾經付給人蛇1萬美元（約新台幣30萬元）帶他去美國。這筆相當於他一年收入的鉅款，當然是跟村裡高利貸借的。前往美國的旅程非常驚險駭人，他們要徒步走過叢林、在黑夜中躲在小艇下渡過瓜墨邊境的格蘭德河。穿越美墨邊境那一段更是可怕，他穿過美墨邊境圍籬後，在沙漠裡走了8天沒有水喝，差點死掉，所幸他活下來了。但沒想到，他抵達應許之地後才開始打工沒2個月，就被移民警察抓到遣返回國。不僅沒賺到錢，回到家鄉還背了巨大債務。問他還想去嗎？他堅定地說，等到他籌到錢，一定要再去一次。

依據2016年聯合國的統計資料，中美洲北三角國家（瓜宏薩）每100個人當中，有9個決心要離開。究竟是什麼巨大的推力跟拉力，讓這些農村青壯決定出走？

瓜國近年來整體經濟持續成長，最低保障薪資也大幅提升到每月約4,000瓜幣（約新台幣16,000元），但瓜瓜國城鄉差距極大，這個經濟成長紅利跟最低保障薪資，對很多人、尤其

CHAPTER 9
近代馬雅的悲歌

非正式經濟占全瓜國八成以上

是鄉下農民而言,是看得到吃不到。瓜國有高達八成的勞工屬無契約保障的非正式經濟,不受勞工法規保護,也沒有勞健保等福利。2023 年仍有高達 50% 的瓜國人口生活在貧窮線(每日可支配所得 5.5 美元)以下。

有一次,我在旅遊淡季到 Nebaj 鄉下農莊旅遊。農莊主人知道我對織品有興趣,便帶了某家 Ixil 族婦女編織的頭帶跟上衣給我挑選。我非常喜歡,就花了 1,000 多瓜幣(約新台幣 4,000 到 5,000 元)買了幾樣。農場主人事後跟我說,那位農婦拿到那筆錢時激動地哭了起來。因為那是她最近 6 個月以來第一筆現金收入啊!

依據非官方資訊,一個在美國的非法移民,如果每天工作 10 到 13 小時,一個月可以賺到 2,500 美元,是瓜國正式勞工

的 3 倍,更可能比非正式勞工一年收入還高。一個非法移工在美國工作的收入,不僅可以養活在國內的一大家子,有時候甚至可以養活一個村子。

2023 年,瓜國僑匯佔全國國內生產毛額 20%,總額甚至超過瓜國咖啡、香蕉等大宗出口物資所創造的外匯收入,成為瓜國最重要的經濟驅力。

如果你到瓜國鄉下,常常可以看到新蓋好的房子外牆或樑柱上畫了美國國旗或是國徽。那是瓜國人感謝在美工作家人的貢獻,讓留在家鄉的人能過上好日子。「偉哉美利堅合眾國,哈利路亞!」

除了美國強大的經濟吸引力之外,中美洲各國的社會問題也形成強大的推力。

過去中美洲長期的內戰,逼得他們不得不遠走他鄉。2000 年以來,偏鄉或是治安敗壞的城市邊緣,嚴重的暴力及犯罪也讓他們除了出走,別無選擇。

曾經看過一部紀錄片,一個 14 歲的青少年被幫派強拉加入,威脅他如果不加入幫派就殺他全家。最後,媽媽只能帶著兒子連夜逃離自己的社區。瓜國北部也曾在 2020 年發生過韓國宗教團體想要幫忙當地青少年脫離幫派,結果聚會所被幫派侵入,造成韓國志工一死一重傷的慘劇。

那,循正式管道申請移民不行嗎?

我認識的一位旅行社司機,他出身瓜國小康家庭,但是大學二年級那年父親驟然病逝,他只好輟學頂替父親開遊覽車的

## CHAPTER 9
### 近代馬雅的悲歌

工作，一肩扛起家計。10 餘年來，他尚稱穩定的收入終究不夠支付他的一家日常開銷，他開始登記申請加拿大的季節移工。但是加拿大申請程序跟要求文件十分繁瑣磨人，光翻譯跟認證就花了他不少時間跟資源，苦等了快 2 年，遲遲沒有任何消息。

讓美國政府頭痛不已的移民問題，其根源所在，美國政府其實心知肚明。如果在家鄉可以安居樂業，有誰想要離鄉背井呢？與其建築萬里長城般的高牆來防堵非法偷渡客，還不如協助這些移出國打造可以安居樂業的家園。2016 年美國與瓜宏薩三國政府合作推出「北三角繁榮計畫」（Plan Alianza para la prosperidad del Triángulo Norte，PAPTN），協助瓜、宏、薩三國提升青年教育、創造就業機會，強化政府透明度及增進司法效能。但，要靠一個 5 年計畫改善一個國家的整體政經社會談何容易。

依據瓜國外交部統計，目前有 290 萬瓜國人住在美國各州，但是一般推估，實際數字可能在 350 到 400 萬之譜。瓜國國內人口約 1,800 萬，也就是說，幾乎每 5 個瓜人，就有 1 個在美國。

鄉村地區兒童常常必須輟學工作以協助家計

為了生計離鄉背井，其實我們並不陌生。

我們常常聽到來台灣打工的印尼移工，來台灣一趟，回印尼鄉下可以買一塊地，蓋個房子，或是做個小生意。台灣60、70年代產業轉型時，許多我們父執輩也是從南部上來台北打拼，先投靠親友蝸居三重、永和、新莊，找個學徒或是打工機會，存了點錢就是寄回家裡補貼家用。掙扎著泅泳向幸福的彼岸，誰不是呢？

而我動筆寫下這篇文章的此時，公寓旁的工地不時傳來我聽不懂的外語交談聲，彷彿是為了讓週末工作的心情好過些，音樂高分貝地放送著，這時音響傳出了齊秦的「大約在冬季」。

這首台灣家喻戶曉的歌，我不知聽過多少回了，今天我才第一次發現：這不正是一首描述移民離鄉的情歌嗎？

　　輕輕的我將離開你
　　請將眼角的淚拭去
　　漫漫長夜裡　未來日子裡
　　親愛的你別為我哭泣
　　……
　　你問我何時歸故里
　　我也輕聲地問自己
　　不是在此時　不知在何時
　　我想大約會是在冬季

CHAPTER 9
近代馬雅的悲歌

# 瓜墨邊境上的
# 集體農場

　　瓜國朋友推薦我訪問一座在瓜墨邊境上的合作農場——洽古拉農場（Finca Chacula），是由流亡墨西哥的瓜國人返國共同經營的。這合作農場沒有網站，沒有電子郵件，我們撥了電話過去預約，聽電話的人是埃德賈（Edgar）。他說：「農場沒有電喔，你們確定可以接受再過來。」我心中有點猶疑，要住嗎？但還是去了。

　　我們從薇薇特南果市中心出發，開了4小時左右，終於到了農場前的小村，咦？有電線桿啊！怎麼說沒電？沒想到一路跟著我們的電纜，就在農場前數百公尺軋然而止。

　　合作農場的民宿是個小小不起眼的白色農舍，只有3間客房。房間陳設簡單，餐廳的大長桌後方擺了數十盞油燈。農場有森林、有牧場，還有一條小溪跟一個安靜秀氣的小湖。埃德賈負責民宿的管理，他太太則是負責準備餐點。白天我們到附近的西馬戎天坑（Hoyo El Cimarrón）走走，晚上回到農場享用

晚餐。餐桌上的油燈，只夠照亮我們盤中的食物，其餘都漸次隱身在黑暗中，不知道是不是這樣，這簡單的食物變得特別有滋有味。埃德賈夫妻則是跟我們在餐桌上話家常，但我終究還是問了這個合作農場的故事⋯⋯。

1982年某日晚上6點鐘，瓜地馬拉當時的軍事獨裁總統里奧斯（Efraín Rios Montt）下令，在薇薇特南果的 Trinidad 村進行又一次屠村行動。

埃德賈他當時只有十幾歲。埃德賈說，村裡沒有電，軍隊突然殺入一片安靜漆黑的村子裡，見人就殺，整個村子包括他，只有18人逃過軍人槍口，他們連夜沒命地逃向墨西哥邊界，其中一位太太在渡河的時候溺斃，他們17人顧不得悲傷，只得咬牙繼續奔向墨西哥。

在1978至1982年間，這個可怕的殺戮行動代號是「蘇菲雅行動」（operación de Sofia），一個村殺過一個村，都是晚間6點行動，用意是在全家都圍在爐火前晚餐時，將所謂「叛亂原住民」一網打盡。武裝部隊對著手無寸鐵的大人小孩無差別的射殺，黑夜中放火燒房子，火光沖天、人與牲畜哀嚎

CHAPTER 9
近代馬雅的悲歌

沒有電力等現代設備的集體農場

亂竄，更強化對原住民的恐嚇壓制效果。

當時的墨西哥收容了數千名跟埃德賈一樣的瓜地馬拉人。墨西哥人接納他們，讓他們一起在農場工作、一起生活，提供土地給他們搭建簡單足供遮風避雨的房舍，墨西哥政府給他們居留身分，甚至不少人拿到永久居留權。

1990 年代，在國際調停下，瓜國軍政府跟游擊隊開始進行和平協議。荷蘭、瑞典、挪威等政府也積極協助流亡海外的瓜國難民返回家鄉。

原來，內戰期間，許多軍頭趁機將原住民土地佔為己有，許多國際組織就運用國際輿論壓力，要求軍頭們以低價將這些農莊賣給國際組織，再轉手交給返國的難民，作為他們返鄉後

CHAPTER 9
近代馬雅的悲歌

安身立命的起點。

1994年1月12日,流亡12年的埃德賈帶著同是難民的妻子,還有他們在墨西哥出生的4個孩子回到家鄉,入住這個「洽古拉新希望合作農場」。

總共有160位從薇薇特南果不同村落逃亡墨西哥的難民,跟埃德賈一樣,返瓜共組這個合作社。在這個新希望農莊,牧牛、管理森林,展開新生活。

我縮起身體躲進黑暗中,讓我可以不用擔心失態地讓眼淚放肆流下。油燈暖暖的火光,照著他們平靜堅毅的臉龐,無聲地說著:雖然都過了,但是不曾遺忘。

夜深了,我們起身走到屋外,滿天繁星立即震攝了我們。閃閃發亮的銀河跨越整個夜空,人類世界都被黑夜吞沒。

瞬間我明白了,將電力拒絕在外的理由。

將不公不義、醜惡喧囂都拒隔在這一方寧靜之外的理由。

農場裡的寧靜湖

# 意緒三角

記得當我們查找跟規劃內霸赫（Nebaj）地區資料時，身邊的朋友紛紛勸退：「那裡很危險啊！」、「那裡人對外人戒心很重，不大歡迎觀光客喔！」、「那裡路上不大平安，常常出事呢！」我們身為職業觀光客，這些資訊並沒有讓我們卻步，但一定要更謹慎規劃，做足功課，並且帶著可靠的當地人司機，勇敢上路。

內霸赫與恰胡爾（Chajul）、聖幻構察（San Juan Cotzal）三地合稱「意緒三角」（Triangulo Ixil）。意緒族（Ixil）是瓜國中北部山區的一支原住民族，目前大約還有 10 萬人左右使用意緒語。

「意緒三角」其實源自於 1980 年代瓜國軍事獨裁強人里奧斯執政時期的軍事用語。當年，正是瓜國內戰衝突高峰，軍政府大規模掃蕩游擊隊[1]。瓜國內戰的起因是長期社會不公及土

---

[1] 當時的游擊隊——瓜地馬拉國家革命聯盟（La Unidad Revolucionaria Nacional Guate-

地分配衝突，而激起社會底層農工的群起反抗。而長期被欺壓的原住民，正是最支持革命與改革的一群。因此，像意緒三角這樣原住民部落集中的瓜國西北地區，就成了軍政府鎮壓反抗勢力的重點區域。

軍方以掃蕩顛覆組織為名，在意緒三角地區進行滅村的焦土政策，以斷絕游擊隊後援。在里奧斯總統短短 1 年半的任期中，就在意緒三角發動了 15 次屠村行動。據聯合國支持的真相委員會調查，至少 2,000 名意緒族人遭殺害，近 3 萬人被迫失蹤或流亡。而僥倖逃過的意緒人，也被迫遷入所謂「示範村」被嚴格監管。軍方假藉打擊游擊隊之名，進行滅村，但事實上，許多軍頭趁機強佔原住民傳統土地，讓村人再也無家可歸。在里奧斯統治期間，全瓜國超過 150 萬原住民被連根拔起，成為被自己政府迫害、在自己國內流離失所的難民。

瓜國長達 36 年的內戰，至少有 20 萬人在衝突中喪生，在許許多多瓜國人心裡都留下一道難以痊癒的傷疤，對於意緒人，更是殺親滅族之痛。

我們到了聖幻構察主廣場，廣場不大，行人稀稀落落。身為亞洲面孔的外國人，我們感受不到瓜國其他地方常見的友善與親切，雖不至於有敵意，但對外地人顯然不表歡迎。我們走進廣場旁的教堂，我習慣性地往中後排長椅坐下，讓自己的心

---

malteca，URNG）是由 4 個武裝游擊隊「窮人游擊部隊」（Ejército Guerrillero de los Pobres，EGP）、「人民武裝組織」（Organización del Pueblo en Armas, ORPA）、「反抗武裝力量」（Fuerzas Armadas Rebeldes，FAR）及「瓜國工黨」（Partido Guatemalteco del Trabajo，PGT）共同組成。

情沉澱下來,也靜靜地觀察一下這間教堂跟當地的氛圍。

教堂陳設實在是簡陋到寒傖,兩側慘白的牆上,只有單薄的幾個小畫框陳列聖經故事圖畫,左側牆面上有一尊耶穌像,耶穌像的兩旁,是密密麻麻的數百個小十字架,上面寫著人名、生卒年及出生地。耶穌像的上方則寫了幾個大字:Inocentes Martires del Señor,意思是「無罪的殉道者」。

我仰頭注視小十字架上的名字,Batz´、Cuxil、Tiu、Ixchel、Ijóm、Xinic、Itzep,沒有 Gonzales、Morales 或是 Guzmán 這一類我在瓜國生活常見的拉丁姓名。這一個個的小十字架,

CHAPTER 9
近代馬雅的悲歌

是當地內戰期間遭殺害的受難者名單。許多十字架上的生卒年,顯示他們活在世上的時間,甚至比這場殘酷的內戰還要短。

我想起首都大教堂圍牆的柱子上也有極相似的名字,一個接一個,像是紀念碑,更像是冰冷、沉默的墓碑。

我們步行前往內霸赫外圍的一個小村。村裡基礎建設極差,滿地泥濘,即使謹慎地閃過大大小小的水窪,不一會兒,我們整雙鞋跟褲腳還是沾滿了泥巴。我們拜訪一對手藝非常好的織女母女,看得出她們用心佈置環境,但是房內的地板沒有鋪水泥或木板,仍是泥土,室內陳設簡陋,僅有咿呀搖晃的小

桌跟幾把木椅。媽媽年紀不大,但是看上去頗已歷經一番風霜。因為她不會說西班牙文,我們無法直接溝通。才 15 歲、有著一雙靈秀大眼的女兒擔任翻譯,雙手仍熟練地來回穿梭引線打緯。

我指著她身旁一籃子的彩色線球,問她是如何構圖配色?她答:沒有什麼嚴格的規矩,媽媽只有教藍色不要接著綠色,紅色與橘色儘量隔開,其他就是發揮自己的創意了!她的布幅上沒有打樣,也沒有參考的手稿,就這樣一絲一縷地將她腦中的藍圖五彩立體地建構出來。

意緒族的傳統服飾用色大膽強烈,常見以質樸的線條織出玉米、小鳥、馬、河流、山脈等圖案,紅色裙子更是與其他地區常見的靛藍色裙子大異其趣。

紅裙子是意緒族婦女最鮮明的標誌

CHAPTER 9
近代馬雅的悲歌

紅色,在意緒文化中,象徵著鮮血、生命、大地與力量。

意緒女性身著鮮豔的紅裙在城裡、山間穿梭忙碌著,映著翠綠的山巒田野更顯優雅美麗。但殘酷的現實是,意緒地區高達九成的家戶所得低於貧窮線,三分之二的孩子營養不良,身著紅裙的女性平均受教育期間只有 3.3 年,很小就被迫輟學協助家計,而半數以上女孩在年滿 20 歲以前就得結婚生子。

這紅色的現代意涵,更像是撕不掉的殘酷詛咒,以及對不公不義的控訴與憤怒。

2018 年 4 月 1 日,里奧斯前總統在自宅因心肌梗塞過世,享年 91 歲。里奧斯將軍當年以軍事政變而短暫取得政權,1 年多後就被自己的國防部長政變推翻下台。但他並未從此沉寂,1989 年他創立了瓜地馬拉共和陣線(FRG)政黨,甚至在當時,民意調查顯示他是最受歡迎的總統候選人。受限於瓜地馬拉 1985 年修訂的憲法禁止曾參與軍事政變的人成為總統,一度阻卻了他重返總統之路,但他一直活躍於政壇,甚至強力政治運作到讓他能參選總統(雖然最終沒能當選)。他也持續擔任國會議員,數度擔任國會議長,國會議員的身份也提供了里奧斯最需要的司法豁免權。

1999 年,瓜地馬拉諾貝爾和平獎得主曼朱(Rigoberta Menchú)向西班牙國家法院提起訴訟,將里奧斯及其他 4 人列為被告,罪名是酷刑、種族滅絕、非法拘留和國家恐怖主義。2006 年 6 月,西班牙法官 Santiago Pedraz 對里奧斯發出了國際逮捕令。2012 年 1 月 14 日里奧斯國會議員任期屆滿,豁免權

霧散後,陽光中將照亮群山

結束,瓜地馬拉總檢察長正式以種族滅絕和危害人類罪起訴他,並求處 80 年刑期。但嫻熟權利遊戲的里奧斯,動員各種政治、司法手段,讓該判決被迫重審。

終其一生,里奧斯都未曾接受司法制裁,未曾為其犯行付出代價,還在家人圍繞下安詳離世,結束他備受爭議的一生。而荒煙蔓草中,無數受難原住民的骨骸,仍等不到回歸祖靈之地安息的那一天。

內霸赫的清晨,我們在下榻的農莊內散步,草坡上的牛群不知世事地悠閒踱步吃草。早上 8 點多了,晨霧仍籠罩著大地,不遠處的小村落、房舍、教堂還在霧裡載浮載沉,只有工～翁～工～翁～的教堂鐘聲,穿越濃霧,送到山坡上我們的耳裡。那鐘聲彷彿堅定且溫柔地安撫著萬物:霧散後,陽光終將照亮群山,真相的微光終究會在歷史的亮光下熠熠生輝,照亮未竟的公理與正義之路。

CHAPTER 9
近代馬雅的悲歌

# 魔幻寫實

　　最近 Netflix 將諾貝爾文學獎得主馬奎斯（Gabriel Márquez）的經典名著《百年孤寂》搬上螢光幕。《百年孤寂》是魔幻寫實主義（Magical realism）的經典代表，這種文學風格結合了真實時空與奇幻意境，使荒誕與現實交錯融合，給予讀者超現實的奇異閱讀體驗。而《百年孤寂》這本巨著，也將拉丁美洲孕育出的魔幻寫實主義推向世界文學的巔峰。

　　但有趣的是，馬奎斯本人堅持自己是一位「現實主義」作家，他曾表示：「我所寫的，就是拉丁美洲的日常與現實。」

　　我自己也是馬奎斯的忠實粉絲，《百年孤寂》更是重讀過好幾次。頭幾次的閱讀時，都沉浸在它龐大的敘事格局及超展開的奇幻情節。直到我親身踏上拉美大陸，才體會到馬奎斯所言不假，所謂的魔幻或荒誕，其實是拉美人真真實實的每一天。

　　《百年孤寂》中有一段描述到：一個操著憋腳西班牙語的老外，到了馬康多吃下一根香蕉後，如鑽石買家般小心翼翼地

鑑定它。過沒多久，老外用鐵路帶來一大群農業家、水文專家、地形學家、勘測員，再過沒多久，穿著黑西裝的律師也來了。在村民還在疑惑的時候，馬康多村外已經用電網圍起一座巨大的香蕉園。香蕉園擁有過去只有上帝才有的神力，他們改變了河流的流向，改變了降雨的季節，還把各種享樂及罪惡也帶到了馬康多。

香蕉園對農工待遇苛刻，主人翁與工會成員組織抗議活動，卻遭到政府血腥鎮壓。載運著發展與繁榮的火車，將成千的屍體載運往大海傾倒。主人翁幸運沒死，從火車上躍下被村民救起。他清醒後問村民：「那天因抗議被殺的人應該有 3,000 人吧？」村民回答：「什麼抗議？什麼死人？你是做夢吧！」主人翁回到鎮上，去找與他一起抗爭卻不幸喪生好友的遺孀，遺孀說：「我先生好好的，他是回家鄉了。這裡沒有死一個人。」政府宣布：「所有的工人都已經滿意地回家，沒有人死亡。馬康多是個快樂的的城鎮，什麼事都沒有發生，現在沒有，未來也不會有。」

這荒謬不可思議的情節，正是瓜地馬拉真實的血淚歷史。

19 世紀末，美國聯合水果公司（United Frute Company，UFCO）在瓜國政權協助下，在瓜國境內大規模開闢香蕉園，成為當時瓜國最重要大宗出口物資。烏維科總統甚至頒布《流浪法》（Vagrancy Law/Ley de Vagrancia）強制要求無地或土地面積小的農民為地主或國家提供勞動服務，每年至少 150 天，否則可能遭到處罰或監禁，形同變相的農奴。烏維科更打著「土

CHAPTER 9
近代馬雅的悲歌

地活化」的名義,將所謂「閒置」的原住民公有地劃為國有,並撥交給聯合水果公司使用。

烏維科甚至賦予水果公司可以無限上綱的「財產保護權」,對任何可能侵害水果公司資產或是獲利的行為,可免經政府授權逕自執法,虐待、甚至處決農工的案例層出不窮。水果公司還擁有瓜國鐵路及港口的經營控制權,當鐵路工人、港口工人或是香蕉園工人因為不滿超長工時、低薪、苛刻的工作環境而群起罷工或抗議,政府則派出軍隊協助美國資本家,無情鎮壓本國勞工。

至1944年,聯合水果公司已經取得瓜國全國42%的可耕地,透過財富、政商關係、情報戰與軍事行動,實際操控瓜地馬拉的內政、經濟與對外政策,宛如一個隱藏在政府背後的國中之國（deep state）。

小說裡,一場颶風跟一場下了4年11個月又2天的雨,讓香蕉公司撤出馬康多,但是馬康多也不可挽回地走向傾頹與衰亡。在瓜國現實中,1944年人民起義將烏維科總統趕下台,成立第一個民主政府,開始保障勞工權益以及推動土地改革。正當全國上下展開新希望之際,聯合水果公司說動美國政府[2]以防堵共產勢力滲透的名義,資助瓜國軍頭,對當時左派路線的亞本斯（Jacobo Árbenz）總統發動政變,也讓瓜國自此陷入長

---

2 當時（1954年）美國艾森豪政府的多位人士,包括國務卿約翰·福斯特·杜勒斯（John Foster Dulles）及其弟弟、中情局局長艾倫·杜勒斯（Allen Dulles）和UFCO關係密切。副國務卿沃爾特·比德爾·史密斯（Walter Bedell "Beetle" Smith）1954年卸任時馬上轉任UFCO董事及執委,而UFCO公關主任的妻子,則是艾森豪的私人助理。

達 36 年的內戰。

《百年孤寂》裡還有一段，描述如瘟疫般在馬康多蔓延的失眠及遺忘症。一個外來的女孩蕾貝卡將失眠的疫病帶進村子，失眠症最可怕的地方不是身體不知疲倦，而是惡化後造成的失憶。初期，童年回憶開始消失，接著，是忘卻事物的名稱與常識，最後認不得人，忘記自己是誰，變成一個沒有過去的傻子。馬康多居民為了對抗失憶，在所有的物品貼上標示，但後來連文字的作用都忘了，許多人乾脆沉淪在自己編造的虛幻現實中，雖然不切實際，但起碼能得到心靈上的安撫。

在現實的瓜國，人民健忘的症頭嚴重，昨日的傷口還淌著血，今日居然又開門讓財狼虎豹進門。不勝其數的貪污政客，被起訴後仍可大言不慚地宣稱自己不偷不搶還捍衛民主；犯下種族清洗罪的獨裁軍頭里奧斯，不但多次獲選為代表人民的國會議長，1995 年及 1999 年兩度試圖參選總統都獲得 50 萬左右選票，他女兒祖莉（Zury Rios）在 2015 年以「人民作主」口號參選總統，甚至獲得將近百萬選民支持[3]。

看似奇幻荒謬的遺忘瘟疫，難道不正是盛行在今日現實世界、仍無疫苗解藥的全球傳染病嗎？我們輕率地忘了歷史給我們的教訓，一再重犯相同的錯誤，甚至陷入我們自己編織、或是政客幫我們虛擬的謊言中，不願清醒。

在小說裡面，吉普賽人帶來解藥拯救了馬康多居民，在現

---

3　2015 年瓜國合法選民約為 750 萬，Zury 當時在第一輪選舉總統選舉中獲得 963,556 票，佔總投票數 18.63%，位居第四。

實生活中,又有誰有萬靈丹解救我們脆弱的記憶,尋回真實?

馬奎斯以他超凡的敘事天賦,將拉美大陸的血淚歷史與社會創傷,轉化為一部跨越時空的預言書。在《百年孤寂》的魔幻宇宙與我們所處的現實世界之間,那條界線早已變得模糊不清。

當我們面對馬康多村的命運時,我們實際上是在注視著自己的倒影。今日世界各地政治舞台上演的荒謬戲碼,恐怕比馬奎斯筆下的任何情節都更加魔幻。我們在疫情中經歷了全球性的隔離與孤寂,在資訊爆炸時代卻與真相漸行漸遠,在民主國家竟目睹獨裁思想的復甦。

或許,魔幻與現實的交織不是逃避,而是一種更深層次的真相揭露,《百年孤寂》這本小說也提醒我們,魔幻不是虛構,而是我們視而不見的日常。當我們願意直視歷史的傷痕,或許才能打破那循環往復的宿命,讓被詛咒的孤寂不再延續百年。

# 不再沉默

那天,織布課剛結束,我纏著老師問東問西。看著她十隻手指俐落地捲著棉線,不一會兒就做出一顆色彩繽紛、圓潤可愛的流蘇球。

我好奇地問她,這巧手技藝是否來自母親或祖母的傳承?她說,她的父母年輕的時候就到首都工作,因為原住民的外貌及口音,備受歧視。因此,她的父母刻意不跟孩子說族語,不穿傳統服飾,希望下一代擺脫掉原住民的印記,就可免於遭遇同樣的磨難。孰料,這位喀克奇奎女兒愛上織布,她央求她仍住在部落的阿姨教她,自己也鑽研創新技巧。後來她到了原住民織品博物館工作,向世界各地的旅人展現馬雅文化之美。

越是走向國際,她越意識到尋根的重要。

老師開始重新認識喀克奇奎族的神話、傳統及習俗。而她的第一個孩子,也在這時期出生了。為了教孩子族語,她才開

始意識到她的族語能力根本不足[4]，而即使回到部落想跟著老學習，族人喀克奇奎語生活對話中許多字詞早已被西班牙語取代，就連她的父母、甚至祖父母也不知道怎麼說了。那就像是一件珍藏箱底的華服，重要時刻想拿出來穿，才發現早已被蟲蛀的千瘡百孔，原來的樣貌難以復原。

這樣的故事，並不只屬於她一人。在瓜地馬拉，原住民佔總人口將近 50%，卻長期遭受社會、政治與經濟上的結構性剝削與邊緣化。近幾十年來，隨著社會運動與民主化進程的推動，原住民族才逐漸不再沉默。

莉格貝塔・曼朱是一位馬雅基切族的原住民女性，1959 年出生，生長於瓜國東北山區的貧窮農村。她的父母與兄弟先後被軍方殺害。她 1983 年出版一本自傳《我名叫莉格貝塔・曼朱》（*Me llamo Rigoberta Menchú*），詳細描述她的生活、家族遭遇與原住民族受壓迫的處境。書出版後，引發國際各界對瓜地馬拉內戰與原住民人權問題的關注。在瓜地馬拉內戰後期（1990 年代初），她積極參與聯合國與各種人權組織活動，促進談判與和解進程。1992 年，適逢哥倫布登陸美洲 500 周年，曼朱獲得諾貝爾和平獎，以表彰她爭取原住民權利、社會正義與民族和解所作的努力。

曼朱身為基切族女性，她挑戰了多重社會桎梏及壓迫：原住民、貧農及女性，不僅為瓜地馬拉原住民發聲，也代表全拉

---

4　在瓜國公立學校裡曾禁止說原住民族語言，直到 1996 年內戰終結，學校才取消禁令，並且開始在學校推行每週 2 小時的母語課。

丁美洲原住民族群爭取權益，成為原住民人權的國際象徵。

曼朱曾經兩度參選總統，但是始終未能取得多數支持。但是另一位原住民女性卡布列娜（Thelma Cabrera）在 2019 年總統大選中，異軍突起，政治素人首次參選即獲得超過 45 萬張選票（佔約 10.3%），在 20 多名參選人中名列第 4，在瓜地馬拉政壇投下一顆震撼彈。

卡布列娜出身西北山區曼族，是市場裡的水果小販，從未受過正式高等教育。她後來投身農民社會運動，擔任農民發展委員會（Comité de Desarrollo Campesino，CODECA）發言人。她的政見主打：原住民自治與多民族國家架構、國家資源國有化以及打擊貪腐與不平等。卡布列娜說：「我們不是無知的人，而是被忽視的人。」（No somos ignorantes, somos ignorados）、「他們偷走了我們的土地、歷史和聲音。今天，我們要全部奪回來！」（Nos han robado nuestra tierra, nuestra historia y nuestra voz, pero hoy venimos a recuperarlas）

我記得一位克奇奎族的台灣獎學金受獎生跟我說，她從小就叛逆，嚮往過著獨立自主的人生，但身為女性，爸爸從來沒有認真聽她說話，也不曾尊重她的決定。直到她去台灣留學回來，走出一條自己的道路，這時候，爸爸才開始願意聽她的意見，並且採用她的建議。或許，這只是一個偏鄉原住民農村家庭內部的變革，算不上什麼了不起的社會改革，但是，如果有 100 個、1,000 個家庭都開始有了不一樣的想法呢？

卡布列娜跟曼朱都堅持穿著傳統服飾，用族語在公開場合

CHAPTER 9
近代馬雅的悲歌

發言,贏得越來越多的尊重與支持。她們打破身為原住民以及身為女性長期的邊緣化與沉默,在原住民長時間缺席的政治與媒體領域取得話語權。促使社會關注原住民族權益,包括語言權利、土地正義、文化保存、教育平等等議題,也帶動族群認同與文化復興。她們鼓勵原住民青年學習母語、穿著傳統服飾、主張身份認同,也推動對原住民歷史的重新詮釋。

當然,現實世界不像童話,縫補被撕裂的歷史以及找回失落的話語權,這段道路上佈滿荊棘與挑戰。傳統制度與權力結構上位者,當然極力想要排除對他們既得利益的「威脅」。2023 年卡布列娜再次登記參選,卻被選舉法院以她的副總統參選人登記文件不齊為由,取消她的參選資格。

從曼朱到卡布列娜,從織布課教室裡堅定學習母語的年輕母親,到在異地求學後回鄉爭取話語權的女性,她們用自己的方式,以行動改寫自己與家族的命運。每一段尋根的旅程,都是對現實的抵抗與重生,都是對未來的宣言。

正如卡布列娜所說:「人民已經醒來,我們不會再在自己的土地上當奴隸。」

EPILOGUE

# 外交官的
# 毛小孩們

# I. Bella

　　第一次離家外派到南美洲的智利工作時,因為人少事繁,往往到了半夜,整個代表處還燈火通明,同事大半都還在加班。到了週末哪也不想去,只想在家耍廢。這樣過了 1 年多,加上先生要返台復職。我決心改變這樣的生活。

　　我要養一隻狗!

　　我請當地朋友在獸醫院幫我貼公告,是否有小狗願意出養。沒有多久就接到電話,是個老太太,她家狗狗生了一窩,剩最後一隻等人領養。

　　我跟先生到了老太太家,她懷抱著小小的毛球,輕輕地放在我們跟前,我們才剛剛蹲下來,小小毛球直直衝向我,努力著要爬上我的膝頭,「喔～牠喜歡我!」把牠抱在懷裡,牠毛茸茸的耳朵像是卡通「小姐與流氓」裡面的小姐,有著浪漫的米粉卷,髮色是柔軟的金黃色。牠在我懷裡待得好自在、好放鬆,我居然沒有任何的理由把牠放下來。

　　那……就帶回家養了?

　　老太太看我們是外國人,一直重複說:「不喜歡或不適應就送回來,不要緊的。」六月是南半球的冬天,夜風真的有些刺骨,在我們上車前,老太太不放心地拿下身上的披肩,在原本就已經穿了兩件衣服的小毛球身上,嚴實地再裹上一層。坐上車沒多久,小毛球就已經睡熟了。完全的信任,一秒變家人。

　　可愛的毛球小姐我們把牠取名 Bella(貝鴨)。有了牠以後,

下班時間到了我就會加速把工作收尾，回家弄飯給貝鴨吃。真的忙不過來，就先回家吃過飯，陪牠玩一陣子，再回辦公室加班，起碼正常吃三餐。週末我們倆會一起上山下海，去公園玩丟球，去騷擾隔壁巷智利總統官邸的哨兵[1]，去超市買一隻烤雞一人一狗分食。過了2年，我調任到中美洲的尼加拉瓜，貝鴨當然也跟著去了[2]。

到了尼加拉瓜，貝鴨比我還要開心。因為從只有狹小陽台的公寓，搬到了有前、後院大草皮的宅院，不時有蝴蝶、小鳥來拜訪，甚至還有大蜥蜴讓牠追逐。我倆的週末，通常都是在自家院子裡玩球，或是在吊床上愜意地窩在一起睡午覺，偶爾我會開車帶貝鴨出去兜兜風。有一次我開進附近村子，金髮妞將頭伸出窗外，任風吹動她的長髮，吸引了一群孩子的注意，一直盯著看。我索性邀請這5、6個孩子上車一起兜風。村子不大，兜了一圈不過幾分鐘，孩子們開心地像是玩了一趟雲霄飛車一樣，嘰嘰喳喳地開心下車。一個女孩，一路手捧著一個芒果，很是珍貴的樣子，沒想到，她下車後居然堅持要把那顆芒果送給我。尼加拉瓜雖然不是很繁華進步，但是他們都有一顆慷慨溫暖的心。

---

[1] 當時的智利總統巴契蕾（Michelle Bachelet）的官邸是個樸實的民宅，離我租屋處相距不過100多公尺，戒備不算森嚴，但門口總有一個制服燙得筆挺，長統馬靴擦得亮晶晶的衛兵站哨。貝鴨巨蟹座的個性就是要照顧每一個人，她只要經過哨兵，一定要雙腳搭上人家的大腿問人家好不好，直到人家摸摸她的頭說：很好很好，她才會安心。所以，每次哨兵都被貝鴨弄得超尷尬，一面要說好乖好乖，一轉頭趕緊拍掉褲子上兩個灰撲撲的狗腳印。

[2] 因為智利跟尼加拉瓜都是狂犬病疫區，檢疫相對簡單，上飛機前1個月找獸醫出具健康證明就可以登機了。

3 年時光匆匆，我任滿回台灣，搬到外交部北投職務宿舍[3]。宿舍緊鄰近山邊，遇到野貓、松鼠或是其他野生動物也都不意外，貝鴨每天早晚巡守社區不亦樂乎。我們也帶牠到關渡平原看稻田、荷花，到北藝大踏青看水牛。我先生甚至帶她去授課的小學當小狗老師，貝鴨這個小狗老師溫柔有耐心，還可以表演吃播，大受歡迎。因為小狗老師只在特教教室值班，讓小朋友們對於那些可以去特教教室上課的同學感到羨慕又嫉妒。

　　外交人員沒有選擇戰場的權利，也沒有落地生根的人生選項。遠颺的風再起，我們這次前往瓜地馬拉。

　　貝鴨這時已經 12 歲了，她一落地就不適應。但是沒想到我到任沒多久，就有許多外交狀況要處理，我每天加班，週末

---

[3] 外交部職務宿舍規定不能養狗，貝鴨只能待在我台南父母家。隔年，當時是立法委員的蕭美琴委員質詢外交部，表示毛小孩已經是家人了，外交部宿舍管理規則已經不符合時下需求。外交部也從善如流，把「不能豢養動物」的條文刪除，我們一家也才得以重聚。感謝蕭美琴！

才能帶貝鴨求醫,可是初來乍到,根本連上哪找獸醫都搞不清楚。

一開始找了一家 google map 上看似裝潢設備新穎的高級獸醫院,照了 X 光片,醫生說我們家貝鴨腹腔有個腫瘤,很大,要馬上開刀。我們嚇壞了,幾個月前在台灣的獸醫院才全身檢查過,怎麼可能一下子發展成巨大的腫瘤!我們不敢大意,將血檢報告跟 X 光片傳給台灣的獸醫,視訊討論。獸醫說,瓜國獸醫圈起來說是腫瘤的東西,是貝鴨的胃,而且是健康的胃。我們嚇傻了,這……,這個國家的獸醫能信嗎?但是台灣獸醫說血檢數值的確不正常,要再進一步找病因。

我們再度找到瓜國全國唯一國立大學獸醫院副院長,他身邊還帶著 3、4 個實習的學生一起看 X 光片,確定是腫瘤,但不是那個胃,是一個真正的腫瘤,約 3 公分,但是要切片才能知道是否是惡性的。因為鄰近小腸,開刀如果不慎,感染風險頗高。

我們要求看一下手術室。一看不得了。

手術室就是一間破舊教室,開著窗戶,沒有空調,四周佈滿灰塵。手術台就是一張上面有金屬桌面的桌子,還有點生鏽。我想,在這樣的地方開腸破肚做切片,感染風險更高了。貝鴨一天天虛弱,最貪吃的她胃口越來越不好。我們遇到一個非常熱心的留台校友,不僅介紹我們信任的獸醫、針灸,甚至靈氣療法,還陪著我先生帶著貝鴨到處求醫,充當翻譯。2、3 個月過去,有一位兼具智慧與愛的獸醫師,她握著我的雙手說,是

時候放手讓貝鴨平靜的在家度過最後的時光了！1週後，貝鴨就在家裡平靜的走了。

帶著貝鴨的骨灰，我們前往瓜國最美的地方：阿蒂德蘭湖。僱了一艘船，船上的我們都靜靜不說話。我手握一小撮貝鴨的骨灰，把手浸入沁涼的湖水，我不願鬆開拳頭，但握得再緊，貝鴨終就要從我指縫中流走，緩緩沉入阿蒂德蘭湖的深處。

## II. Canela 與 Shadow

時間很快過了一年，我一心想要再養一隻狗，先生則是心情上還沒準備好再投入。

每個週末我們都會到認養流浪動物的 NGO 攤位看看，但始終沒有遇到對的那一隻。

有一天，新聞傳來噩耗：薩爾瓦多跟我們斷交了！

依照外交慣例，台灣駐薩大使館必須在1個月內撤離。只有1個月的時間要銷毀所有的機密檔卷、處分館產，還有一大堆外交行政上的事務，真的是千頭萬緒。但是我馬上想到的是，某位同事的毛小孩該怎麼辦？狗狗貓貓要從中美洲返回台灣，是需要在登機前6個月就取得狂犬病抗體血清檢驗證明，還要提前1、2個月安排回台隔離檢疫籠位的。斷交撤館了，同仁可以馬上回家，毛小孩回不了家啊！

我馬上傳訊同事太太，你們狗狗貓貓怎麼辦？她跟我說，她也不知道該怎麼辦。在正式宣布斷交前，她也曾經擔心過，但是看到先生跟大使館全部同事都在全力搶救邦交，國難當

EPILOGUE
外交官的毛小孩們

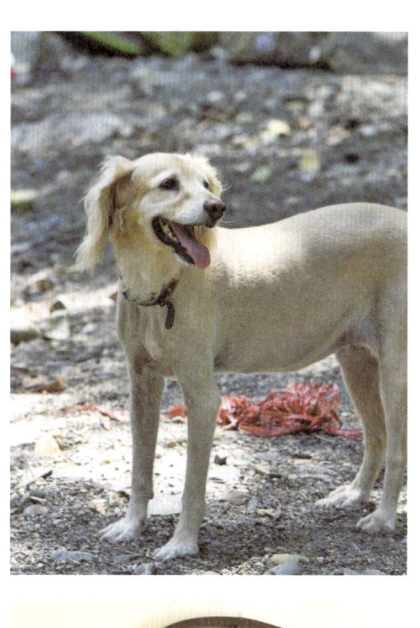

前,她根本連提都不敢提,連問都不敢問。

我當場提議,我們從瓜國開車過去接狗狗跟貓貓過來,薩爾瓦多到瓜國沒有檢疫問題,你們回台灣之後再來慢慢處理台灣入境檢疫問題。這段期間就讓牠們在瓜國安心等你們來接回家吧(潛台詞是:台灣跟瓜國的邦交應該超過 6 個月)。

2 週後,我跟先生開了 5 個小時的車,進入聖薩爾瓦多城。這個城市一切如常,但是我們駐薩大使館像是經歷猛烈戰火襲擊過一樣,一片狼籍。一貓一狗渾然不知天地已然變色,直到被爸媽推上陌生人的車,才突然驚覺事情不妙,貓咪一路不安地低聲嗚咽著,甚至緊張到腹瀉。

我們開車通過薩國邊境進入瓜國,照後鏡映照出「薩爾瓦多祝您旅途平安」(Feliz Viaje desde El Salvador) 的看板越來越小,我心想,這無緣的國家,我這輩子大概不可能再來了!

黃金獵犬 Canela 跟黑貓 Shadow 是一起長大的姐弟。兩姊弟到了瓜國寄宿家庭,很奇妙地並沒有太多適應問題,貓咪沒有躲起來,第一晚就在我們給他準備的被窩睡了,傻大姐 Canela 也很高興有人每天帶他出去散步。

我們有機會就帶著阿金 Canela 到處遊山玩水,身為觀光客的我們兩人一狗,常常反倒變成當地原住民圍觀的奇珍異獸,阿金也乖,不怕坐車,沒調味的玉米餅,她也是跟我們一起吃得津津有味!

Shadow 是一隻帥氣的黑貓,胸前裝飾皇室般華麗一圈鬃毛。為了滿足他挑剔的胃口,以及鼓勵他多喝水,我們想盡花

招研發各種貓料理，像是自製雞肉鬆，製作高湯凍。我們還會在剛清理完的貓砂上耙繪類似日本禪寺庭園的枯山水，讓我們可以一眼就辨識出貓砂已經使用過了，即時清理。

快樂的日子過了 4 個月，同事從台北調派前往墨西哥，我們既開心又感傷地安排 2 個毛孩搭 DHL 貨運飛到墨西哥。再度陷入空巢的我們，又開始了遊魂般的人生，上班下班。

## III. Sophie

有一天，我們大使館當地僱員說，一隻他們平常會餵的野貓到他們家生了一窩小貓，問我有沒有意願領養一隻？貓？不，我是狗人啊，我想要養的是狗。不過，還是把小貓照片傳給我看一下好了。

照片傳到手機：「喔～天啊～真的是太可愛的小貓咪了！」我還沒意識過來的時候，我的嘴巴已經說出：「好！我要養！」

小貓真的是地球上最厲害的詐騙集團，他們擁有各式強力攻佔你心防的武器，水汪汪無辜大眼、毛茸茸又柔軟的小身體，還有撒嬌的細聲喵叫，喔～誰能不融化。

小貓蘇菲（Sophie）迅速地佔據家中主人地位，用仍然稚嫩的喵叫使喚著我放貓食、去清貓砂盆、奉獻大腿供她小憩。

這傲嬌的小毛球折磨死我了，像是跟一個驕縱又美麗的小女友交往，一下子跟我面對面爭吵、利爪抓出我手上一道道血痕，晚上又枕在我臂彎里睡得香甜，讓我手麻腰酸也甘願。

COVID 疫情期間，我們一人一貓，24 小時相依為命，相

互看顧彼此的身心健康。然後，在疫情最高峰時[4]，我奉派調往英國。

英國的動物入境檢疫規定是有名的嚴格，需提供入境前4個月的血清檢驗證明，還有狂犬病疫苗補強劑的接種證明。最麻煩的是，英國不允許任何載運人類乘客的交通工具搭載動物。意思是，所有的動物都必須由貨運的方式入境。而從瓜地馬拉，沒有任何直飛的貨運航線，必須經美國或歐洲轉運。

因為疫情正在延燒，許多原本兼營貨運的航空公司都停運活體動物。我一開始找了American Airline的貨運，經紐約轉機去倫敦。但是在出發前1週，貨運行告訴我，Americia Airline違反倫敦希斯洛機場規定，被停飛1個月，必要時可能會再延長。面對這晴天霹靂的消息，我趕緊找替代路線，改由歐洲轉進英國。孰料，當時英國脫歐關稅談判進入最後關頭，沒有人知道談判結果何時會出爐，也不知道屆時英國對活體動物進口會有什麼樣的規定及文件要求。因此沒有一家歐洲貨運行敢收我們這一單。

我真是叫天天不應，叫地地不靈。

迫於無奈，我只能暫時將愛貓託孤，留在瓜國讓同事照顧，先行赴任。等待了快3個月，待英國跟歐盟協商完成，終於找到貨運行及可行路線：由瓜地馬拉先去巴拿馬，過一夜，再飛阿姆斯特丹，再過一夜，然後第三天一早抵達倫敦希斯洛機場。我原

---

4　2021年1月，英國每日確診人數為20多萬人，全球累計死亡人數已經來到250萬人。

本要親自去機場第一時刻歡迎蘇菲,但是經過 1 個月來與英國海關跟報關行交手的經驗看來,我覺得花錢解決比較保險。果不其然,貨機當天早上 8 點 40 分落地,英國海關跑文件,居然搞了整整 1 天,到了下午 4 點,報關行派的專車跟司機超過法定工時,都換了第二個司機之後,終於在下午 5 點放行。歷時 3 個月又 3 天的貓咪歷險記終於落幕,我們終於一家團圓了[5]。

這個馬雅小姐到了倫敦每天盯著窗外瞧,有時是附近皇家馬廄的騎兵與馬車隊伍噠噠噠噠地經過;有時是不知哪裡冒出來的狐狸在大樓前的草皮曬肚皮,有時是從天而降的外牆玻璃清潔工,更有趣的當然是隔壁鄰居的那隻巴哥犬,蘇菲沒事走到他家門前,撩他一陣亂吠,算是倫敦生活的最佳娛樂了。

## IV. 結語

從火爐前取暖到吊床上乘涼,從高樓看雪山到雨林追豚鼠,從馬雅市集到倫敦金融城,我的外交人生有苦有樂。其中最溫暖的部分,莫過於毛小孩的貼心陪伴。

離鄉背井的國際漂流日子久了,我時常自問:「哪裡是我的家?」台灣是我的祖國,瓜地馬拉是我的心靈故鄉,但追根究底,有至親的家人和毛孩等著我回去的地方,就是我真正的「家」。

---

[5] 在英國過了 3 年之後,蘇菲跟我目前又再度歷經從英國回台的大挑戰。對台灣的伙食跟氣候,她冷面不願正面答覆,但奴婢我觀察,迄今尚可勉強接受。

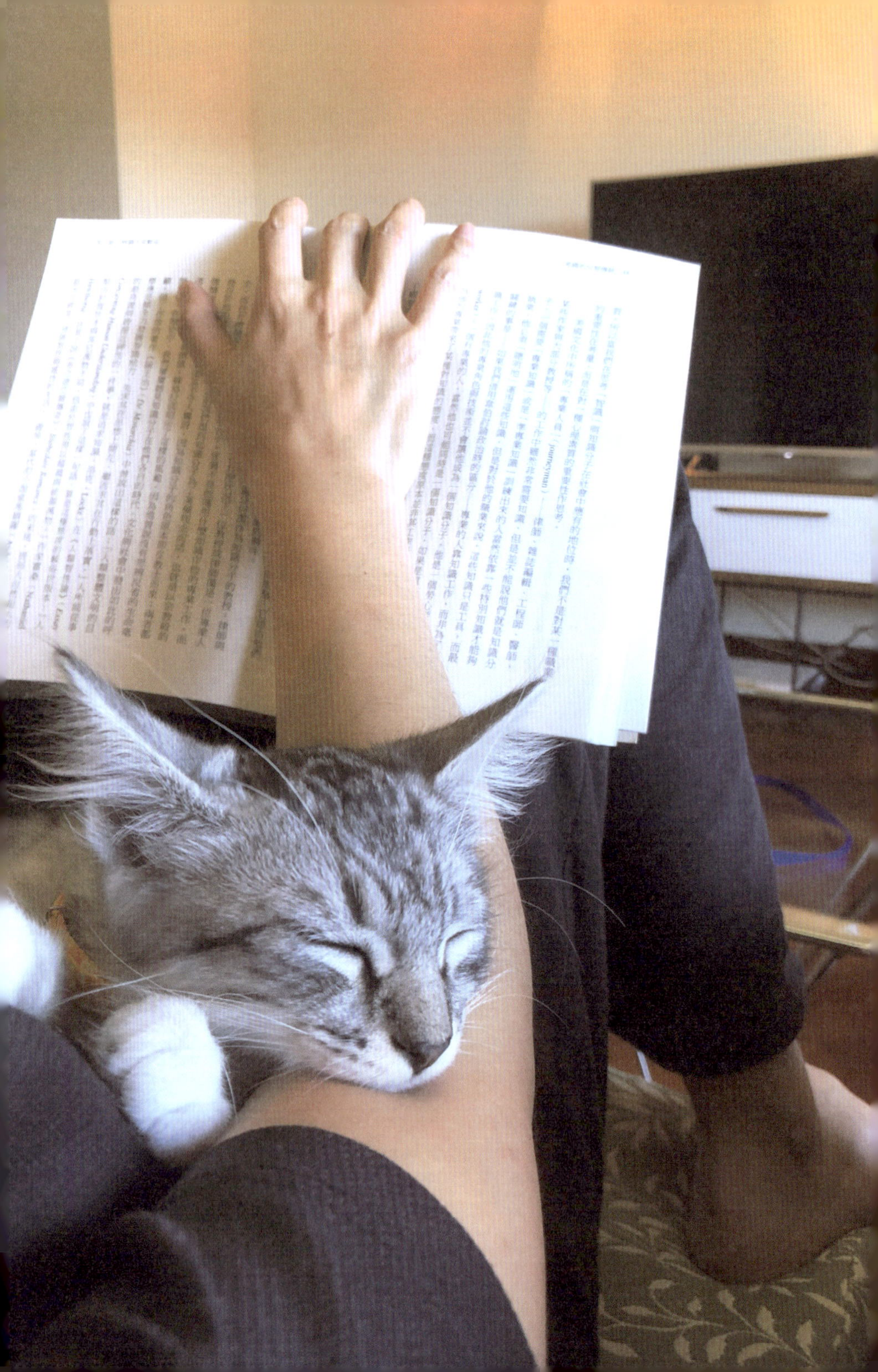

# APPENDIX

## 附錄

附錄 | 一 |
# 西班牙文發音的第一堂課

　　想當年選修第二外國語的時候,身邊的朋友都覺得學個法文好像浪漫些,學個德文好像更有點哲學味,學點日文的話,工作或旅遊都比較派得上用場,啊我學了西班牙文是要做什麼?

　　其實,這個世界上使用西班牙文的人口很多,大約 5.6 億人,排名世界第 4。全世界最多人使用語言是英文,15.28 億人;排名第 2 的是華語,11.84 億人;排第 3 的是北印度語(hindi),使用人口約 6 億(in case 你想知道)。這些數字背後的意思是:如果你跟我一樣是個會說華語的人,也學過英文,再加上一個西班牙語,你可以在全世界四成的國家旅遊走跳溝通無礙,開啟與 32 億地球人交流互動的大門。你說,學西班牙文是不是

APPENDIX
附錄

一個西批值很高的投資呢？

如果你有一點點被我說動了，我們不妨就先來一堂西班牙文 Español 發音入門課吧！

首先，西班牙文發音非常的規則，極少例外，每個字母照著念，即使你不知道你在讀什麼，唸出來就絕對八九不離十。第二，西班牙文的五個母音 AIUEO，基本上就跟日文「阿伊嗚ㄟ喔」發音一模一樣，A 不管如何就是念 [ɑ]，像是中文的「啊」，不會像英文，放在不同的地方就變化發音。I 一率是 [ɪ]，像是中文的「伊」；U 發音是 [ʊ]，像是中文的「嗚」；E 發音是 [e]，像是注音符號的「ㄟ」；O 就是個 O，像是中文的「喔」。簡單吧！

西班牙文有 27 個字母，比英文多一個，除了正常的 N 之外，還多了上面有一條毛毛蟲的 Ñ，唸作「捏」，我們用西班牙文 Español 這個字來練習的話，可以拆成 Es、pa、ñol 三個音節來念「埃斯」、「巴啊」、「扭喔爾」，連在一起念快一點，就是「埃斯巴扭爾」。學到這裡，你已經會說「西班牙文」囉，是不是很有成就感！

西班牙文的其他 26 個字母，基本上跟英文的差異不大，但是台灣人比較容易在發音上卡關的是 C、G、K、Q 幾個字母。以下我們舉幾個常用字來練習一下吧！

| 單字 | 發音 | 中文 | 說明 |
|---|---|---|---|
| Cuanto | [ku-an-do]（科嗚安斗） | 多少錢 | 這裏有兩個眉角，開頭的 C 發音近似英文的 K，或注音「ㄎ」，而第三個音節的 T，發音則近似英文的 D |
| Gato | [ga-do]（尬斗） | 貓咪 | 這裡的 G 不能念「居」喔，G 在西班牙文的發音比較接近「葛」，帶點濁音。T 跟前面提到都一樣，要念 D |
| Kilo | [qi-lo]（克伊摟） | 公斤 | K 的發音則是近似英文的 Q，在西班牙文是比「克」再多一點濁音震動音 |
| Querido | [ke-ri-tho]（給力抖） | 親愛的 | QU 是雙連音，發音近似英文的 K，它通常出現在「e」或「i」前面，例如 qué（什麼）和 quién（誰），而 D，在西班牙文發音接近 th [ð] |

加油加油，你已經快要可以跟市場大姐搏感情殺價了！

C 是唯一有可能有兩個唸法的字母，C 與 A、U、O 連在一起，都是讀「ㄎ」，例如：咖啡 Café（ka-fe，尬飛）、古巴 Cuba（ku-ba，庫巴）、可口可樂 Coka Cola（ko-ga-ko-la，狗嘎狗拉）；但 C 如果跟 I 或 E 連在一起，就要讀「斯」，像是：蘋果西打 cidra（si-dra，西德啦）、啤酒 Cerveza（ser-ve tha，賽爾肥薩）。

西班牙文裡面的 H 一律不發音，非常省事，所以，打招呼說 Hola，要念作 o-la，而不是 ho-la。J 呢，則是取代了 H，代表 [h] 的氣聲，注音符號的「ㄏ」。常見的人名 Jesús（he-zus，

APPENDIX
附 錄

黑蘇斯）、Jaime（hai-me，嗨美）、José（ho-se，侯斯誒）。可千萬把人家的名字唸成「吉瑟斯」、「詹姆」或是「裘瑟」，聽起來怪彆扭的。

至於英文中常常出現的複合子音 th、sh、wh，西班牙文都沒有，只有一個 ch，發音可以想成中文的「七」。最有名的，莫過於出身阿根廷的革命家切・格瓦拉（Che Guevara）。

至於為什麼有些字母頭上會有一撇，那其實不影響那個字母的發音，而是標注重音的音節所在。如果那個字的重音是依循規則，就不需要標注，只有例外才需要特別標注。

還有還有，RR 連在一起，就是讓大家最瘋狂的「彈舌音」了！要怎麼發出那勾攝心魂的連續彈舌音，據說，可以含口水，練習用喉嚨深處的懸壅垂震動漱口，或是在砂石地上騎腳踏車時，嘴巴打開讓風灌進去震動舌頭，至於成功機率有多高，你自己試了才知道！

301

附錄｜二｜
# 20個馬雅納瓦爾日符

## 1. Imox
### 伊默胥

- ◆【守護動物】蜥蜴、鱷魚、鯊魚
- ◆【能量所在】河流、小溪跟大海
- ◆【主宰器官】血液、神經系統、生殖器官

　　Imox的馬雅符號是一個杯子，杯口朝上且盛滿液體。Imox是水、是雨、是海，是不平靜、是瘋狂、打破常規、顛覆現狀，也是再生與繁衍。Imox掌管靈魂深處最微妙的一面，尤其是身體左側相關的面向，像是直覺、感知力、與各項創意發想連結的能力，以及揭露夢境預言的能力。

這一天適合祈求甘霖降臨、河流長流不息、泉水、井水與湖泊不乾涸；這一天也適合祈禱玉米豐收。在 Imox，適合靜心感受、傾聽內在聲音，讓靈魂更有力量去面對轉變；也適合舉行儀式幫助需要的人卸下負面能量，療癒身心創傷；面對劇烈氣候及家庭紛爭，也可以在這一天祈求一切恢復平靜。

這一天出生的人，他們具創意，依循直覺行事。他們具有強烈靈性感應，常被旁人視為「特別」、甚至「怪怪的」──他們古怪、大膽、不按牌理出牌。但正是這份與眾不同，使他們更容易啟動天賦，特別是直覺與夢中的啟示。他們的想法與行動往往純粹而直接，總能靈活適應環境的變化。

他們是天生的藝術家，尤其在手創藝術獨具天賦，對生活充滿熱情與活力，是充滿創造力的行動派，樂願幫助跟他們一樣勇於追夢的人。他們對於辛苦與犧牲並不熱衷。他們的個性強勢，富有主導力。他們容易進入極端情緒──快樂時超嗨，低潮時超憂鬱，常覺得「沒有人懂我」。

◆【職業方面】
適合成為建築師、數學家、教師、心理學家、社會學家、政治家、作家、靈性導師和自然療法師。

◆【愛情方面】
Imox 熱情、浪漫、充滿魅力，卻也容易陷入轟轟烈烈、令人抓狂的戀愛風暴。年輕時，他們往往吸引年長者，或者反之，隨著年齡增長，也可能吸引年輕人。

他們能與 Imox、B'atz、Ajmaq 和 Kame 建立深厚且持久關係。他們與 Imox、Aj、No'j、Kan 和 Toj 可以產生和諧關係的能量。

## 2. Iq'
### 依克

- 【守護動物】雀鷹、蜂鳥
- 【能量所在】戴雪的山巔、峽谷
- 【主宰器官】呼吸系統、喉嚨

Iq'的馬雅符號是一個窗戶，是在古馬雅神殿中通風用的窗戶。Iq'是風，是變化的驅動力，它是生命的氣息，象徵更新與重生。

這一天適合向宇宙祈求「更新與重啟」，呼喚清新之風灌注我們的思想，幫助我們淨化內在的混濁與雜念。這一天，風的能量提醒我們追求內在的清明與平衡，擁抱變化，讓靈魂之窗重新開啟，引領我們看見更高層次的和諧與美。

在 Iq'這一天誕生的人，擁有強大的口語與說服能力，是天生的演說家、作家與思想領袖。他們充滿活力、具遠見與宏大

視野。面對挑戰，常能臨危不亂，快速適應並翻轉局勢。他們的性格如風，難以預測：瞬間可以溫柔如春風，轉眼又可能因一絲情緒波動而激烈如暴風。然而，他們思維敏捷，理解力極強。

他們的最大挑戰來自內心世界：他們敏銳的直覺與豐沛的想像力，常常交織混淆。他們容易把預感誤認為事實，並從一個小細節中編織出整個故事劇情，有時會過度腦補。若能將這想像力妥善引導，他們將成為卓越的小說家、故事講述者與創意創作者。月亮對他們有強烈影響，特別是情緒起伏明顯。

◆【職業方面】

　　適合成為哲學家、思想家、數學家、邏輯專家、歌手與音樂創作者、醫師與療癒者。

◆【愛情方面】

　　Iq'的能量如風般變化莫測。他們容易陷入風暴式的戀情，經常在情感中尋找刺激與新意，卻也因此讓他們的感情路顯得跌宕起伏。他們對愛充滿熱情與浪漫，但缺乏穩定性。

　　他們的靈魂伴侶是 Iq'、E、No'j 及 Kej。容易建立和諧關係的能量組合則是 Iq'、I'x、Tijax、Kame 及 Tz'i'。●

## 3. Aq'ab'al
### 阿卡巴爾

- 【守護動物】蝙蝠、金剛鸚鵡
- 【能量所在】晨昏時刻、洞穴、山谷
- 【主宰器官】肺、腎臟、胃腸

　　Aq'ab'al 的馬雅符號上方的兩個圓形，像是天的眼睛凝視著萬物的誕生，而下方的小點則代表大地迎接來自宇宙的訊息。這個日子的名字意指「最黑暗的夜」與「黎明的第一道光」，它同時擁有黑夜與光明的本質，Aq'ab'al 是那個模糊又神聖的瞬間，太陽尚未升起、夜色仍未褪去的時刻。

　　破曉時刻象徵萬事萬物將逐漸清晰明朗，展開全新的一天。Aq'ab'al 也象徵著一種變化的力量，它象徵著改變、更新與突破現狀的勇氣。

　　Aq'ab'al 這一天適合感謝上天讓我們免於墮入黑暗、悲苦，遠離毀謗及謊言。這一天也特別適合進行內在的澄清與外在的更新，無論是開始新計畫、尋找人生方向，還是釐清困惑與未解之事，都能得到靈性的支持；祈願讓前方的道路更加明亮清晰，祈求官司爭訟獲得公平判決，同時也是揭露秘密、釐清誤會、解除心中疑惑的好日子。

出生在 Aq'ab'al 這一天的人，他們內在擁有一股光明的力量，能看見人們看不見的部分，能以希望戰勝黑暗。他們是希望的燈塔，照亮他人的同時，如果他們不願揭露自己內心的幽暗，旁人也無法將他們帶向光明。

他們總是快樂又親切，天性善良，聰明能幹而且遇強則強。他們面對困難時總是能堅守價值並且盡全力克服難關。他們很少需要為錢煩惱。他們有種難以言喻的年輕氣息，無論年齡多大，總是顯得青春洋溢。彷彿歲月在他們身上放慢了腳步，成熟與老去來得比別人晚。

他們的生命歷程中不乏挑戰，挫折與磨難，如果他們能接受這些挑戰，不會輕言放棄，總能在關鍵時刻逢凶化吉。

◆【職業方面】

適合成為醫師、物理治療師、脊椎治療師、文學家、藝術家、行政人員、歷史學家、發明家。

◆【愛情方面】

他們熱情、開朗，認真看待婚姻，但在尋找靈魂伴侶的過程中會經歷多段感情，要找到真正契合的人，是一場漫長而曲折的旅程。

在情感連結上，若要建立深刻且持久的關係，他們與 Aq'ab'al、Aj、Tijax 與 Q'anil 的能量相合，能帶來內在成長與靈性互補。而若希望關係和諧、相處自在，他們則會與 Aq'ab'al、B'atz'、Tz'ikin、Kawoq 和 Kej 產生良好的互動，這些能量帶來情感的平衡與生活的穩定。

## 4. K'at
夸特

- ◆ 【守護動物】小蜥蜴、蜘蛛
- ◆ 【能量所在】大海、叢林
- ◆ 【主宰器官】肋骨、神經

　　K'at 的馬雅符號代表重力與能量的流動。圖像中，一顆球體被底部的凹槽所捕捉，並將基座一分為二，形成宛如磁鐵兩極的能量對立。K'at 象徵實體的網，用來收納物品，但這張網也是蘊含能量的網，它代表著一種力量——能夠聚集、串聯或匯集人與資源，使我們能夠完成所需之事。

　　K'at 這一天象徵著網、結與連結，是處理糾葛與情感困難的良辰吉日。這一天特別適合祈求上天幫助我們解開生命中的種種糾結與困頓，以及祈求子女身心健康發展，也適合女性祈願孕育子女。如果覺得有什麼束縛著你、讓你無法前進，這一天就是最適合「解開結」的日子，藉此機會放下執念，回歸內心的平衡與清明。

　　出生於這一天的人，天性善良，擅長推動法律理論與實務。他們是聰慧的人，思維清晰、行事有條理，能夠憑藉智慧與道德來駕馭法律。他們想法豐富、富有同理心，個性潔癖，常常

無需太多努力便能取得財富與成功,也十分好學。

他們擁有極強的感受力,能極致地體驗快樂與痛苦,情緒管理是他們成功的關鍵,當他們學會穩定內在,就能一一實現目標,成就非凡。他們特別難以忍受壓迫與限制,當失去自由時,容易陷入憂鬱與焦慮。

好奇心是他們最鮮明的特徵之一,這份對世界無盡的探索欲,這股旺盛的好奇心,也常讓他們的計畫與夢想半途而廢。物質世界是他們最大的課題。若未能妥善平衡內在需求,容易陷入貪婪與焦躁之中。將這份能量投注於藝術創作或心靈成長,能成為他們的最好出口。

◆【職業方面】

適合成為科學家、律師、醫生、編織藝術家、管理者、農夫、規劃師以及旅遊推廣專家。

◆【愛情方面】

K'at 之日出生的人,他們的外在魅力及內在光芒,讓他們成為被愛與渴望的對象。感情關係對他們來說至關重要,需要找到一個能帶來安全感的伴侶,才能真正穩定心靈。

他們與 K'at、I'x、Kawoq 和 Toj 能夠建立深刻而持久的連結,與 K'at、E、Ajmaq、Ajpu 和 Q'anil 則可以維持和諧順暢能量。

## 5. Kan
崁

- ◆ 【守護動物】蛇、鳳尾綠咬鵑
- ◆ 【能量所在】沙灘、山、有星星的夜晚
- ◆ 【主宰器官】神經系統、脊柱、生殖器官

　　Kan 的馬雅符號是蛇,其形象與羽蛇神密切相關。蛇在其他文化中或許帶有負面印象,但在馬雅世界裡,蛇代表的是智慧與能量。它象徵著內在的火焰,來自大地之母的能量。Kan 也代表了智慧與知識,也代表著造物者帶領人類的性靈上的成長,以及在真理、正義及和平的追尋。

　　Kan 這一天是能量非常強大的一天。這一天適合向造物者祈求正義與智慧,祈求大地之母維持穩定平衡。當我們渴望重新找回某個人、某段關係或某種力量時,Kan 的能量能為我們開啟回歸與和解之門。

　　出生於這一天的人,他們誠實、充滿智慧,是天生的領袖,記憶力強,能勝任多種工作或職業。他們無論在家庭還是公共場合,總是堅守正義與誠信的原則。他們擁有強大的內在力量,能在困難或危機中保持堅定,展現出過人的智慧與冷靜。他們

往往懷抱著為他人犧牲奉獻的精神，只是內心也渴望自己所付出的努力能被肯定與看見。他們體格強健，只要不讓強烈情緒左右，幾乎不容易生病。事實上，只有當他們深陷憤怒時，身體才會受到傷害，帶來痛苦與煎熬。

Kan 的能量既深沉又強大，需要懂得自我調整，避免陷入過度思考與自我中心的陷阱，尤其需注意情緒管理。

◆【職業方面】

適合成為醫生、天文學家、各領域的科學家、電腦工程師及外交人員。

◆【愛情方面】

他們渴望被寵愛，也傾向尋找能給予支持與安全感的伴侶。在愛情中，Kan 帶有一種熱情與吸引力，讓人難以抗拒，但內心深處也需要穩定與依靠。

若希望建立深刻且長久的關係，與 Kan、Tz'ikin、Ajpu 和 Tz'i' 的能量特別契合；而追求和諧平衡的相處，則與 Aj、No'j、Imox、Kan 以及 Toj 的能量會有良好互動。

## 6. Kame
喀枚

- ◆【守護動物】貓頭鷹
- ◆【能量所在】自家、神廟、祭祀中心
- ◆【主宰器官】小腦、心臟、生殖器官

　　Kame 的馬雅符號是骷顱頭。對於許多文化來說，死亡令人畏懼，但在馬雅傳統中，人生在世唯一一件可以確定的事情，就是人終將一死，回到我們來的地方。死亡不是終結，而是一道門、一種回歸，回到祖靈所在之地，回到真正的根源與歸宿。Kame 的能量正是這道門的守護者。這一天象徵著死亡、轉化、重生以及安詳、喜樂。象徵著不管是好的壞的，都有了最終的解答，該原諒的、該請求寬恕的，都在此得到和解。

　　這一天的能量特別適合與祖先連結。是祈求平安、釋放疾病與恐懼、請求旅行庇佑與通靈啟示的時刻。在 Kame 的引領下，我們可以走入內在的幽谷，與那些已離去的靈魂對話，也與自己的過去和解。

　　這一天出生的人，通常極有耐心，永遠抱持良好的心態執行被交付的使命。對他們而言，沒有什麼事情是太困難的。他

們堅強、有韌性，智慧過人，面對強敵也能堅韌不屈。他們承載著前世的福報與祖先庇佑，常有好運眷顧，常有貴人、甚至是陌生人相助，是受到祝福的人。他們常能與權貴高層交往，也總能生活舒適無虞。他們命中往往要頻繁旅行、四處遷移。

他們帶有強烈的靈性磁場，與不可見的世界有著天然的連結。他們是預言者、是靈力的守護者，也是人群中看似沉靜卻擁有強大內在力量的存在。他們尤其要學習感恩，履行與祖靈的約定，否則他們將會經歷許多苦難，而且為此付出高昂的代價。

◆【職業方面】

適合成為哲學家、靈性導師，或是醫者般的指引者，也特別適合擔任靈性顧問或命運的翻譯者——Ajq'ij（馬雅人的時間祭司），以及財務顧問、商人、審計人員。

◆【愛情方面】

Kame 所承載的是靈魂層次的吸引力。他們往往不自覺地吸引他人靠近，然而，他們傾向追求當下的愉悅，享受情感的燃燒與震盪，卻可能無意中辜負了他人投入的真心。Kame 並無惡意，他們只是靈魂太過古老，常在愛與孤獨之間徘徊，渴望被了解，卻又害怕被束縛。只有當他們願意面對自己的脆弱與恐懼，學會在關係中慢下來、傾聽、回應，愛才會變得深沉而長久。

能與 Kame 擁有深層靈魂連結的，包括 B'atz'、Ajmaq 以

及 Imox——這些能量懂得穿越表象，去理解愛背後的轉化與療癒。而與 Kame 能夠維持和諧互動、彼此尊重與陪伴的，則包括 I'x、Tijax、Iq'與 Tz'i'。

## 7. Kej
### 奇夜赫

- ◆ 【守護動物】鹿
- ◆ 【能量所在】森林、高山、有樹的地方、湖泊、晴朗的夜空
- ◆ 【主宰器官】手腳四肢

Kej 的馬雅符號是一隻緊握的手，象徵能量在體內流動的完整循環。四根手指代表著東南西北四個方向，也對應著火、土、風、水四大元素，而拇指則作為平衡之核，使這些力量得以協調並發揮極致。

Kej 的日子是感恩的日子，是向太陽、風、水與土地表達敬意的時刻，並祈求祖靈的保護與智慧。這一天適合祈求上天賜予力量，及祖先的庇佑。

Kej 這一天出生的人是家族及社群堅定的守護者，樂於參與社會事務，有勇氣承擔重任。他們認真負責，擁有深刻的直

覺與洞察力，內心溫柔卻堅定。他們舉止端正，做事有條不紊，是眾人眼中的好父母、好師長。

他們富有藝術天分，尤其在音樂與寫作上格外出色。他們擅長用言語打動人心，且具有柔和親和的氣質，使他們在人際互動與外交中表現出色，加上有極強的執行力，是優秀的外交家與顧問。

他們擁有分析力與非凡直覺，若能依循內在智慧，將能避開許多生活中的困難與陷阱。即使遇到挫折，他們也總是能從跌倒中迅速站起。

要注意的是，他們雖擅長為他人辯護，卻往往無法為自己挺身而出。他們也擅長掩飾自己的情緒，宜觀照自己內心的平衡。在性格方面。他們因為富有魅力且能力出眾，小心不要衝動易怒，或傾向過度控制的局面。身體方面，則容易出現手腳方面的毛病。

◆【職業方面】

適合成為作家、調查或分析人員、外交人員、禮賓人員、個人顧問、商人。

◆【愛情方面】

在愛情裡，他們充滿魅力，迷人卻不總是穩定。他們相信承諾，但也常因情感複雜而受困其中。他們的戀愛關係常帶有強烈執著，一旦真心愛上一個人，會非常努力地維繫關係，不輕言放手。他們傾向尋找能與自己靈性與價值觀契合的伴侶，

對感情有理想化的傾向，希望愛情不只是激情，更是心靈的連結與長久的承諾。

適合發展深層、長久關係的能量的人包含 Kej、E、No'j、Iq'，也能夠與 Kej、B'atz'、Tz'ikin、Kawoq、Aq'ab'al 建立和諧互動的關係。●

## 8. Q'anil
### 喀尼爾

- 【守護動物】兔子
- 【能量所在】森林、河流、湖泊、高地
- 【主宰器官】生殖器官（特別是精子與卵子）

Q'anil 象徵著播種——是以一種農具「Tixjob'」撥開泥土播下種子，開始一段生命的循環。馬雅文字是四顆種子，代表紅、黑、白與黃這四種玉米的顏色，也代表東西南北四方及四季。

Q'anil 象徵著種子、生命，以及一切的起源。這一天也象徵豐收、分享以及愛的果實。象徵著事情有著正向的展望，如同剛剛萌芽的種子，具有無窮的希望與潛力，等待在合適的時機破土而出，又如一株幼苗，緩慢但是穩定地生長。

这一天适合展开新计画、重新开始，亦是找回失落之爱的日子。这一天是一个祈求生育子女、农作与自然繁盛的日子，请祖灵祝福子女平安健康成长，祈求新事业的启动、土地的再生；这一天也非常适合与自然连结，祈求土地的滋养与灵魂的甦醒。

出生在 Q'anil 这一天的人聪明、勤奋、负责、有耐心，适应力强，与人相处融洽，具有强烈的直觉力，温柔敏感，既能给予爱，也渴望被爱。他们在物质上通常不虞匮乏。对他们而言，许多事情未必一开始都非常顺遂，但是只要坚持到底，幸运之神总是会眷顾他们，终会以成功圆满收场。

他们内心蕴藏著强大的能量，其最大的挑战与考验是相信自己，他们通常遇到困难容易退缩。他们需要学会自信与自我接纳，以及学习温柔地对待自己，避免因为过度自我要求而受苦。在性格上他们较为欠缺韧性，往往需要身边的人给他们精神上的支持与鼓励。要特别注低潮时勿沉溺酒精或是其他安慰。

◆【职业方面】

适合成为农业、哲学、医学（尤其妇科）、数学与艺术等领域。他们的能量与生殖器官相关，尤其掌管精子与卵子，与生命的起源密切连结。

◆【爱情方面】

Q'anil 的人在情感中温柔而富直觉，他们爱得深，愿意给

予與守護。他們與 Q'anil、Aj、Tijax 和 Aq'ab'al 的能量有深刻的情感連結，也能與 E、Ajmaq、Ajpu 與 K'at 維持和諧關係。●

## 9. Toj
### 朵賀

- 【守護動物】祭祀聖火
- 【能量所在】海灘、巨石
- 【主宰器官】聽覺器官、性能量

　　Toj 的馬雅符號是一個圓中央有一個核心，代表祭祀儀式中的火焰、祖先的祭火。Toj 的意義也延伸至業力與宇宙法則的運作——你所給予的，終將回到你身上；你所欠下的，總有一天必須償還。

　　在 Toj 這一天，適合奉獻祭品給造物者，祈求正義得以伸張。也適合祈求遠離病痛、折磨，清除纏身的負能量。也適合祈求為黑暗帶來光明，道路上的阻礙得以清除，讓錯誤得以糾正，讓身心自苦難中解脫。也適合祈求上天寬恕我們種下的罪。

　　出生於 Toj 這一天的人身體強健、聰明、充滿創意，非常活躍。他們真誠、勇敢，同時個性溫和有禮、懂得待人接物。

多才多藝，他們擁有源源不絕的能量，天生獨具才華與特殊力量，使他們往往鶴立雞群，他們通常會為家庭、社區甚至整個族群帶來能量與光，是天生的精神領袖與調解者。他們熱情、有魅力、能量旺盛，若能妥善引導，就能發揮巨大潛能。

他們常常承受著來自前世未償的債務，也因此在今生經歷重重考驗。但這並非命運的懲罰，而是靈魂需要完成的功課。他們必須學會掌控情緒與衝動，尤其要避免強加自身意志於他人。他們需學會在做決定時冷靜思考，避免太快行動，但正是他們如火一般的性格，讓他們無論如何都能突破難關。他們的人生最好有伴同行，才能共度挑戰。

當 Toj 的能量處於和諧狀態時，能展現出非凡的美德，豐盛的生命力與財富。當能量失衡時，則可能表現出壞脾氣、不安定、多病，甚至容易遭遇意外。

◆【職業方面】

適合成為數學家、社會科學研究者、靈性導師、工程師、建築師與研究工作。

◆【愛情方面】

他們強大的能量使他們過著大起大落又充滿情感的生命歷程。他們情感豐沛、勤奮踏實、責任感強且家庭導向，卻也容易受激情與衝動左右，而成為情慾的俘虜。

適合建立深刻且長久關係的人包含：Toj、Ix、Kawoq 和 Kàt；適合維持和諧關係的能量：Toj、Aj、No'j、Imox 和 Kan。

## 10. Tz'i'
### 緇羿

- 【守護動物】狗、美洲土狼
- 【能量所在】高山、海灘及大自然
- 【主宰器官】大腦、意志力及直覺

　　Tz'i'的馬雅符號象徵兩個元素：一是馬雅王所持的權杖，是法律與秩序的象徵，另一個元素則是狗的尾巴。狗是創物者在世間的「幫手」，負責執行神聖的正義與秩序。

　　Tz'i'象徵人間與宇宙的律法。象徵權力與權威，也象徵真相與正義，這至高的權威，指的是掌管宇宙萬物運行規則及真理的力量，這力量及於世上萬事萬物。

　　這一天是「從開始到結束都走正道」的一天，也是誠實面對自己、修正錯誤、控制慾望、守住精神與物質平衡的好時機。這一天適合祈求化解法律糾紛；可進行釋放惡習、擺脫貧困的靈性儀式；也是為家族、社會請求和平與秩序的好日子。

　　出生於 Tz'i'這一天的人，聰明、友善、敏捷、強健、敏感、浪漫。他們擁有敏銳的感知力與高度直覺，是出色的馬雅祭司，具有祈禱、解開束縛、調解與守護法律的天賦。他們具有道德

意識與公義感，他們對於社會不公義常有強烈反應，是天生的理想主義者與社會實踐者，也可能成為良知的代言人，為社區帶來福祉。然而，他們最大的學習與挑戰是驕傲與固執，否則逕自以自己認定的正義為行動準則，或自認肩負神聖使命，則可能被認為過度控制或專橫。

◆【職業方面】

　　適合成為數學家、教育家、醫師、律師、行政官。靈性領袖、調查員、審計師、公職人員、作家、歷史學者、記錄者。

◆【愛情方面】

　　Tz'i'的人深受激情牽動，情感世界強烈又複雜。他們常常是令人嚮往的對象，即使如此，也可能經歷多段情感冒險。在愛情中，他們的運勢頗佳，有機會獲得深刻且美好的戀情，但前提是必須學會駕馭自己的情緒與脾氣。

　　他們渴望深刻連結，卻也需學會在關係中保持界線與自我，否則容易成為情慾與情緒的受害者。

　　若要建立深刻而長久的關係，與 Tz'i'、Tz'ikin、Ajpu 和 Kan 十分相契合；若追求和諧穩定的相處，則與 Tz'i'、I'x、Tijax、Kame 和 Iq' 的能量特別合拍。●

## 11. B'atz'
### 霸祖

- ◆ 【守護動物】猴子
- ◆ 【能量所在】森林、湖泊、晴朗的夜空
- ◆ 【主宰器官】動脈、靜脈、微血管

B'atz'馬雅符號的上方代表一個錐形軸,時間的絲線纏繞在卷軸,朝下穿過左右象徵陰陽的兩端,進入人間。B'atz'象徵線、象徵一切的開端,也象徵著婚姻與連結,是將兩個世界、兩個靈魂、一陰一陽交織在一起的神聖契約。

每年的 Waqxaqi'B'atz'（8 B'atz'）是馬雅新年,也是男性能量的慶典;而 B'eleje'B'atz'（9 B'atz'）則是女性與自然的節日,象徵著陰性的智慧與孕育之力。

B'atz'這一天適合締結盟約,不論是靈魂伴侶的結合,還是合作關係的開展,都能獲得神聖能量的庇佑。也適合釐清計畫、開始新篇章。對於藝術家來說,這一天猶如靈感之門敞開,創作能量充沛;也適合向宇宙祈求豐收與家庭和諧。

出生在 B'atz'這天的人聰明睿智、思路清晰、行動有條理,能夠勝任各種專業工作,並且大多沉穩冷靜,擅長解決問題。他們通常是捍衛親人與族人的鬥士、深愛家庭,他們通常胸懷

大志，具有綜觀全局的視野及展望未來的遠見。他們終其一身，事業家庭都非常成功得意。

他們喜愛美感與秩序，內心深處懷抱著對真理與愛的追求，討厭混亂與虛偽。他們具有藝術天份，他們可能是畫家、詩人、音樂人，也可能是療癒者、傳統智慧的守護人。他們的一生彷彿就是一部長篇小說，有情節、有高低起伏，有著一種命中注定的主角感。他們要求過高且不易妥協的性格，要注意的是避免變得驕傲、自大。

◆【職業方面】

適合成為藝術家、祭司、能量療癒者、傳統醫師、婚姻仲介、自然守護者、管理者或商人。

◆【愛情方面】

B'atz'往往帶著對完美的渴望，對伴侶有著不低的標準，總希望找到那個「剛剛好契合」的人選。也因此，若對方無法符合他們心中理想的樣貌，容易感到失望。然而，一旦他們認定了伴侶，便會全心投入這段感情。

對於深層而長久的情感連結，與 B'atz'相容的能量包括：Ajmaq、Imox 和 Kame，這些能量能共振出更深的靈魂共鳴。而若是追求日常中和諧與幸福的伴侶關係，Tz'ikin、Kawoq、Aq'ab'al 以及 Kej 的能量也能與 B'atz'形成愉快平衡的共舞。

## 12. E
葉

- ◆【守護動物】山貓
- ◆【能量所在】山上、寒帶森林、河流
- ◆【主宰器官】腳底

在馬雅宇宙觀中，E 象徵著「道路」——不只是腳下的路，更是人生旅程、靈性階梯與命運的軌跡。它的古象形符號中，上方右側代表耳朵，下方的小點象徵沿途擺放的石頭，如同旅人沿路的腳印，也像通往內心世界的引導之聲。

E 這一天象徵著路途的開啟，是最適合展開旅程、啟動計畫、簽訂協議、洽談合作的日子。你若正在等待遠方親友的消息，也許正是在這一天收到了來自遠方的一封信、一通電話，或一段重逢的預告。

這一天誕生的人，他們是旅行者、說書人、商人，也是天生的外交官與領袖。他們懂得怎麼與人對話、適應環境、抓住機會，勇於冒險，擁有無窮的好奇心與內在的火焰。他們可能容易動搖、改變主意，愛好自由與流動的生活型態，但在內心深處，他們其實非常感性，熱愛藝術、喜歡孩子，並樂於與人

分享生命中的種種體悟。

E 這一天出生的人善於調解對立、開創新局。他們外表開朗健談，內心卻敏感脆弱，習慣藏在厚重的保護殼裡。他們有深刻的理解力、慈悲心與分享的精神，他們會毫不猶豫地幫助他人，為社群請願、祈禱。

◆【職業方面】

適合成為商人、管理師、心理學家、哲學家以及跨文化交流等職業。像是外商代表、仲介人、藝術品經銷商及廚師。

◆【愛情方面】

他們熱情且富吸引力，是天生的浪漫者。然而他們對感情的需求如同對旅行與新鮮感的渴望，更渴望一段能夠理解並包容他們靈魂自由的關係，而非被控制或約束。他們是那種會在孩子眼中點燃夢想的人。雖然他們在感情中容易變心，但只要不被逼迫，他們願意在家庭中穩定下來，並且成為溫暖的父母與伴侶。

適合與他們建立深刻而持久關係的人包括：No'j、Iq'和 Kej。而 Ajmaq、Ajpu、K'at 和 Q'anil 則可以與他們要保持和諧與平衡的關係。●

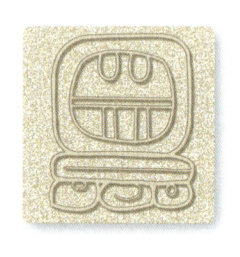

## 13. Aj
### 阿赫

- 【守護動物】穿山甲
- 【能量所在】沙灘、熱帶森林
- 【主宰器官】脊椎

Aj 的馬雅符號，上方的兩個形狀代表作物的嫩芽，下方的垂直線條象徵作物正在成長，是玉米穗、玉米田（Milpa）、豐收的象徵。

這一天，是家庭的守護日，也是動植物與大地療癒的時刻。在這一天，極適合祈福、修復關係與回歸內在中心，也是一個適合祈願豐收、發展內在力量的日子。

出生於 Aj 這一天的人，親切、體貼、樂於助人、懂得感恩，對父母孝順，深受家人喜愛，也常在家族中扮演重要角色。他們會延續家族的傳統與血脈，是優秀的農耕者，尊重植物與其他物種，對自然也抱持著敬畏與珍惜，擁有強大的靈性知識。他們開朗、決策果斷，生活快樂，對家人與社區非常慷慨。童年時期可能遭遇病痛或困難，但這些經歷讓他們更加堅強，也更能體會生命的珍貴。

這個日子誕生的人，天生就帶著穩定與權威的氣質，如同家中支撐屋頂的木柱，是眾人依賴的精神支柱。他們非常重視家庭，對子女極為疼愛，總能以穩定的能量照顧人群與環境。

需要注意的是他們通常需要被大量理解與包容，且須經歷多變起伏跌宕的人生。他們對事務的高標準與堅持，有時也會變成固執，對不感興趣的人事物顯得冷漠。需要注意避免過於執著與易怒，遭遇挑戰時仍然要保持積極樂觀，避免草率行事或是過度試探他人。

◆【職業方面】

適合成為藝術家、業師、教育家、詩人、畫家、播種人、人類學家、法學家。

◆【愛情方面】

出生在 Aj 日的人，在愛情中展現出深刻的情感與堅定的忠誠。他們渴望建立穩定而真摯的關係，對愛抱持理想化的期待，也願意為伴侶全心付出。他們的感情路不總是一帆風順，但天生擁有一種跨越困難、重新站起的能力，即使經歷傷痛，也能從中學會成長與超越。

與他們在靈魂層面最為契合、能夠建立深遠而穩固關係的，是出生於 Aj、Tijax、Aq'ab'al 與 Q'anil 日的人；與 No'j、Imox、Kan 或 Toj 的能量互動，則會帶來更自然、協調的互動關係。

## 14. I'x
### 意緒

- 【守護動物】美洲豹
- 【能量所在】叢林、祭祀中心（特別是階梯式的神殿）
- 【主宰器官】肌肉與神經系統

I'x 的馬雅符號象徵地球的心臟、女性的生殖器官、美洲豹的臉龐，以及大地之母。I'x 是馬雅語言中女人「I'xok」以及美洲豹「I'xbalam」的字首，因此 I'x 代表了女性力量與自然界的創造力。

I'x 的代表動物是叢林之王美洲豹，象徵著力量、權勢、慧點與堅定，同時也象徵旺盛的生命力。I'x 也象徵生育、養育我們的母親、大地之母。

I'x 這一天適合進行占卜、靈性儀式與智慧的鍛鍊。I'x 的能量擴展心靈與意識，也讓精神能力與第六感更為敏銳。I'x 同時也是將現實與虛幻、正與負、可能與不可能之間橋接起來的神祕力量，因此也被稱為「魔法之日」。

Ix 這一天適合進行冥想、修煉與內省，向祖靈祈求正能量，讓人重新與自己的靈魂對話，找回潛藏已久的意志與方向。這

一天具有強大的轉化能量，是內省與重新定位人生的好時機。這一天也是魔法之門敞開的時刻，若許願祈求力量，總能獲得宇宙特別的回應。

這一天出生的人天生剛毅勇敢，熱情有活力，充滿魅力與征服力。他們如豹般行動敏捷，決斷快速。他們天性慷慨大方，可以從眾人的愛戴中獲取能量。他們多半依循本能行動，並常隨情勢改變方向。他們也是保護家庭、重視安全感的父母，對權力有高度渴望，為達成目標不惜一切。

I'x 的命運難以預測，帶有高度風險與冒險精神，猶如叢林中的獵人，擁有天生的魅力與吸引力，既受人愛戴又令人敬畏。他們勇敢面對人生挑戰，堅定不移地追求成功。然而，他們內心敏感而保留，往往將煩惱藏在心底，不輕易示人。他們渴望權力與成就，善於抓住機會，喜歡成為眾人目光的焦點，但要注意不要過度自負與驕傲，甚至固執與反覆無常。

◆【職業方面】
適合成為戰士、策略家、哲學家、數學家、創業家及醫生。

◆【愛情方面】
他們像叢林中的豹王般擁有難以抗拒的吸引力，總是能輕易吸引那些願意滿足他們期待的人，是愛情中的王者。他們需要被讚美、被崇拜，渴望伴侶不斷地確認他們的重要性與獨特性，否則便會感到不安。

若能與同樣擁有靈性深度與情感直覺的能量結合，如 I'x、

Kawoq、K'at 或 Toj，他們將有機會建立深刻且持久的關係；而與 I'x、Tijax、Iq'、Kame 或 Tz'i'的結合，則更有可能帶來情感上的和諧與互補，使愛情關係在神秘與現實之間取得完美平衡。

## 15. Tz'ikin
### 祖依克鷹

- 【守護動物】老鷹
- 【能量所在】高山、湖泊、霧、雪、高山森林
- 【主宰器官】眼睛

　　Tz'ikin 是馬雅曆中象徵自由與遠見的符號，其符號是一隻鳥的頭部，象徵高遠的視野、直覺與靈性聯繫的力量，是自由之象徵，也象徵對愛與人生經驗的渴望。

　　Tz'ikin 這一天是祈求財富、愛情、直覺與好運的日子。

　　出生於 Tz'ikin 之日的人，往往個性開朗、直覺敏銳，具有吸引力與社交天分，擁有良好的人緣與影響力。他們善於從迷霧中看見未來，經常能預知事物的走向。他們的語言天賦與表達能力極佳，是天生的溝通者。

Tz'ikin 出生的人具有變化多端的性格，喜愛自由、極富吸引力。他們直覺敏銳，擁有很強的社交能力與魅力，能夠在不同的社會階層中如魚得水，甚至有時成為「幕後推手」，用巧妙的策略影響全局。這些人通常財運與愛情運都不錯，非常可以勝任詩人、藝術家及外交官的工作。他們的心靈與創意最活躍的時段往往是夕陽西下與夜晚，因此常被稱為「博學的夜鷹」或「自由的詩人」。

這些人喜歡活在當下，對物質生活充滿熱情，但要注意的避免過度追逐享樂，否則容易陷入虛榮、浮誇等負面狀態。

### ◆【職業方面】

適合成為詩人、雕刻家、畫家、科學家、商人、外交官、心理學家、顧問，或自行創業。

### ◆【愛情方面】

Tz'ikin 的人是天生的幸運兒，彷彿注定要被愛與欣賞所包圍。他們擁有強大的吸引力與感性魅力，追求令人怦然心動的愛。然而，正因他們對生活與愛情有著極高的熱情與期待，他們需要一種既能給予自由，又能維持情感火花的伴侶。

Tz'ikin、Ajpu、Kan 及 Tz'i' 與他們最契合，能建立深刻且長久關係。與 Tz'ikin、B'atz'、Kawoq、Aq'ab'al 以及 Kej 等會有很好的互動，雖不一定會走向深刻的結合，但卻能提供輕盈溫暖的情感支持與相互理解的空間。

## 16. Ajmaq
### 阿赫馬克

- 【守護動物】蜜蜂
- 【能量所在】沙灘、叢林、有陽光的地方
- 【主宰器官】生殖器官、能量氣場（aura）

在馬雅曆法中，Ajmaq 是象徵寬恕與覺醒的能量，其象形符號是大腦四周散發出代表思想擴展的光芒線條，象徵心靈、智慧的啟蒙。

這一天象徵「罪」與「寬恕」、象徵反省與悔改、象徵我們思考萬事萬物的善惡因果循環。要選擇走正確的道路，做正確的事。Ajmaq 日是一個最適合懺悔、請求寬恕的時刻，也是療癒身心疾病與為地球爭取正義的神聖日子，能幫助我們重新與大地建立和諧連結。

古代馬雅人會在這天封齋、反思自己的行為與後果，無論這些行為是否出於本意。他們會出門向受害者請求原諒，向大地母親致上感謝與歉意。

出生在 Ajmaq 這一天的人，他們用功、聰明、勇敢，記憶力佳。他們多具長壽的潛力。雖然外表沉默，但內心觀察入微。

Ajmaq 的人具有好奇心強但又行事謹慎穩定的二元性。他們重要的人生課題是了解人無法獨立於群體，需要接受他人的善意與協助。

他們常具有靈性的敏銳與自省力，也因而容易陷入情緒低潮。他們的健康狀況與內心的平衡息息相關。他們具有解決問題的勇氣，也充滿為弱勢發聲的使命感，以及與各種人建立關係的天賦。

◆【職業方面】

適合成為策略家、政治人物、數學家、演說家或醫師、會計、審計、經濟、法律與國際法領域職務。

◆【愛情方面】

他們溫柔、聰明，擅長用甜言蜜語和真誠的眼神打動人心。天生擁有浪漫氣質，這使他們常常經歷多段長久而深刻的感情關係。然而，Ajmaq 也容易因內心的矛盾與不安而產生感情上的搖擺，特別是在情感未被充分理解或支持時，有時可能陷入不忠的情況。

在伴侶選擇上，Ajmaq 與一些特定的能量特別契合。當他們與 B'atz'、Imox 或 Kame 等擁有深層靈性或情感共鳴的能量相遇時，容易建立起長久且深刻的情感連結；而若希望建立一段和諧穩定的關係，則與 E、Ajpu、K'at 或 Q'anil 的相處，能為他們帶來平衡與支持。

## 17. No'j
### 諾赫

- **【守護動物】**啄木鳥
- **【能量所在】**森林、湖泊、高山、雲
- **【主宰器官】**大腦、松果體

No'j 的馬雅符號代表大腦，而周圍的小點則象徵人類智慧、理性與智識的發展。它代表著思想的震盪、觀念的流動以及認知的轉變。

No'j 象徵人類心智與宇宙心靈的溝通，也是思考、記憶、創意與精神探索之日。在 No'j 這一天，適合滋養心智、強化記憶，透過儀式向神聖火焰祈求智慧與內在清晰。這也是尋求身體訊號、促進關係和諧與提問未來方向的理想時機。這一天適合祈求科學上與智識理念上的進展。

出生於 No'j 這一天的人天生聰慧，性格溫和。他們有良好的直覺與智慧，樂於學習。他們常為了追求真理與正義而突破傳統思維，是探索真相的旅人，是先知與開路人。造物者給予他們善良正直的性靈，他們熱衷提攜教育晚輩，無私奉獻人權社會。

他們是優秀的學者與藝術家，適合走醫療、教育、數學與靈性領域的道路。對年長者與孩童有強烈的照顧之心，生活中充滿理想與浪漫。然而他們的重要課題是將眾人視為兄弟手足，唯有與眾人合作，才能帶領社區及社會走向更好的發展。

他們天性單純且過於信任他人，有時會忽略他人帶來的傷害。他們要避免過度個人主義，也要提醒自己不要太多話，小心不要因為過度誠實而傷到他人。他們的人生課題是他們渴望改變卻往往缺乏實際行動，需要將所學落實於生活之中。

◆【職業方面】

適合成為藝術家、作家、醫師、心理學家、社會工作者、人類學者、靈性導師。

◆【愛情方面】

他們渴望安靜穩定的關係，是少見的「一生一世型」戀人。雖然個性偏向理性，卻蘊藏著細膩且持久的浪漫。他們對伴侶真誠體貼，比起劇烈起伏的感情戲碼，他們更珍惜平靜、自在、能夠彼此保留空間的關係。

適合建立深刻與長久關係的人包含：No'j、E、Iq'及Kej；適合和諧穩定的戀愛關係的人：No'j、Aj、Imox、Kan及Toj。

## 18. Tijax
### 帝加赫胥

- **【守護動物】** 劍旗魚、巨嘴鳥
- **【能量所在】** 峭壁懸崖、瀑布、洞穴、雷雨
- **【主宰器官】** 牙齒、指甲、舌頭

　　Tijax 的馬雅符號是一把從正面看去的黑曜石刀，也像是一座金字塔從天上俯瞰的模樣。Tijax 象徵雙刃刀，能切斷負面能量、驅除邪靈、療癒與淨化能量，也能開啟一條全新的道路。

　　在這一天，人們可祈求克服困難、去除仇敵、療癒難纏的疾病（甚至是家中動物的疾病）、割斷有害的情感關係。這一天適合淨化儀式，消除負面能量，祈求祖靈讓我們遠離邪靈及災厄，庇佑個人、家庭及社會平安。

　　出生在 Tijax 這一天的人，善良誠實，面對逆境時也能樂觀面對。他們擅長對公眾演說，善於團隊合作。他們往往對他人充滿同情心，能感應別人的痛苦，但個性剛烈，對善良的人極好，對傷害自己的人卻毫不留情。他們說話直接，判斷清晰，情緒也來得快去得快。他們天生對健康與能量非常敏感，許多人成為出色的醫師、靈性療癒者，或是處理衝突的調解人。

雖然他們喜愛舒適與美好生活，但總願意與他人分享所擁有的一切。他們常在年紀尚輕時就承擔領導角色，無論是在家庭、社群或專業領域。

◆ 【職業方面】

適合成為傳統的馬雅醫者（médico maya）、靈性療癒師、外科醫生，婦產科醫師、政治人物、戰士、法律工作者或分析專家、顧問、商人、協調者或仲介、作家。

◆ 【愛情方面】

他們個性強烈、果斷，有時甚至顯得嚴厲與主導。他們對情感關係有著極高的標準，不輕易妥協，因此往往難以輕鬆地進入一段穩定關係。當他們決定正式建立伴侶關係時，往往會選擇個性較為溫和、包容的對象，讓彼此的能量取得平衡。他們在情感中追求真誠與深度，對背叛零容忍，一旦失望可能毫不猶豫地結束多年感情。

與 Tijax、Aj、Aq'ab'al 和 Q'anil 的能量相遇，容易激發深刻且持久的關係，彼此互補、共同成長。而與 I'x、Iq'、Kame 和 Tz'i'的組合，則能帶來和諧與靈性交流，使感情在理解與包容中穩步前行。

## 19. Kawoq
喀沃克

- 【守護動物】烏龜
- 【能量所在】森林（特別是松柏針葉林）
- 【主宰器官】心臟、神經系統

　　Kawoq 的馬雅符號是一組組圓球串聯起來，象徵著一個家庭、一個社區，甚至是整個社會、國家、洲際、星系與宇宙的集合體。而圖案中交錯的「X」代表彼此扶持、共築未來的力量。

　　Kawoq 象徵雨水，也象徵家庭與社群，這一天也與女性、母性、靈性與權威相連結，是一種兼具包容與領導力的溫柔力量。

　　Kawoq 這一天適合祈求家庭和解與團結、財富與經濟穩定、心靈與社群的療癒、風調雨順與自然平衡。

　　這一天出生的人，他們通常安於現況，沒有過度的野心或企圖心。他們擁有深厚的家庭意識，是好子女、好父母、好夥伴，也不吝於為社群奉獻。他們喜歡安穩的家，適應力強，生活通常不虞匱乏。他們個性沉穩、溫暖，愛家，甚至有些害羞。

他們不能接受不公不義，邏輯清晰，聰慧而具觀察力，是天生的溝通者與倡議者，常成為社群中的發言人，願意挺身為大眾謀福利。他們無懼辯論，正因為如此，常被賦予領導責任。他們也喜歡藝術，透過創作，他們也能表達世界觀與靈性智慧。他們常常從夢中或身體訊號中收到預兆，是擅長占卜與預測未來的靈性個體。

但 Kawoq 的人也容易過於在意他人眼光，喜歡插手別人的事；他們習慣關心別人、幫別人「安排好一切」，有時甚至不自覺地操控他人命運，雖出於善意，卻也要學習放手。

◆ 【職業方面】

適合成為社區領導者與政治工作者、靈性導師、占卜師、夢境解讀者、藝術家、作家、演說家、媒體人、婦產科醫師、助產士、草藥師、生態學家、未來學者、氣象預測員、策略規劃者。

◆ 【愛情方面】

他們在愛情中保守又受人尊重，因此有時難以遇見命中注定的伴侶。即使進入婚姻，若未能與原生家庭（尤其是母親）建立界線，也可能引發親密關係中的摩擦。他們渴望深層而穩固的連結，卻也需要學會放手與獨立。

他們適合發展深層長久關係的對象是 Kawoq、I'x、K'at、Toj。適合維持和諧關係的對象則是 Kawoq、B'atz'、Tz'ikin、Aq'ab'al 及 Kej。

## 20. Ajpu'
阿居布

- 【守護動物】人類
- 【能量所在】沙灘、叢林、有陽光的地方
- 【主宰器官】胸部、肺臟、眼睛

　　這一天的馬雅符號是吹箭手，一位戰士，嘟著圓圓的嘴型正要發射一枚吹箭。這一天是馬雅神話波波烏中雙胞胎吹箭手的日子，雙胞胎英雄 Jun Ajpu 及 Ixb'alamke 是始祖 Ixpiyakok 與 Ixmukane 的後代。在神話中，他們接受挑戰前往冥府 Xib'alb'a，他們經歷死亡又重生，戰勝黑暗勢力，獲得成功。因此這一天象徵戰士、勝利、陽剛的力量，領袖、靈性的鬥士與神聖的獵人。Ajpu'也象徵著不停歇的行者、機智的獵人。

　　這一天是具有巨大能量的一天，適合聽取大自然給我們的訊息，祈求母乳、祈求疾病康復，小兒言語問題也可以在這一天祈求改善，也適合祈求村里社區的發展方向。

　　這天出生的人，他們個性直爽、坦率、果決，有勇有謀，也是天生的鬥士。這一天出生的人負有帶領人類的使命，他的雙手跟雙腳都是用來服務跟奉獻需要幫助的人，正是這樣奉獻

的精神，讓他們功成名就。

　　他們是天生的藝術家、音樂家、溝通者、觀察者及作家。他們身體強健，不容易生病，而且通常非常有錢。他們擇友謹慎，但是一旦成為至交，會很講義氣，非常英雄俠義地捍衛友情。需要注意的是，擇友謹慎的反面，往往不容易信任他人，不接受他人的建議與協助，朋友不多，獨來獨往，內心缺乏安全感。他們須提醒自己不要過於武斷、自負。也要注意不要過於激進，過度輕率涉險，給身邊的人帶來意外的麻煩。

◆【職業方面】

　　適合成為藝術家、作家、科學家、經濟學家、律師、農民、管理者、行銷人員、傳播人士、獵人和靈性導師。

◆【愛情方面】

　　他們非常浪漫，在固定下來之前，可能會歷經非常多段關係。他們適合建立長久深刻關係的日符號者 Ajpu、Tz'ikin、Kan、Tz'i'。他們與 Ajpu、E、Ajmaq、K'at、Q'anil 也可以建立和諧的關係。

國家圖書館出版品預行編目 (CIP) 資料

聽見瓜地馬拉的心跳：玉米、火山與信仰，外交官筆下的現代馬雅日常與魔幻 / 吳毓珮著. -- 初版. -- 臺北市：商周出版：英屬蓋曼群島商家庭傳媒股份有限公司城邦分公司發行，民 114.9 面； 公分（BO0363）

ISBN 978-626-390-656-3（平裝）

1.CST: 吳毓珮 2.CST: 外交人員 3.CST: 回憶錄 4.CST: 瓜地馬拉

783.3886　　　　　　　　　　114012316

BO0363

# 聽見瓜地馬拉的心跳
## 玉米、火山與信仰，外交官筆下的現代馬雅日常與魔幻

| | |
|---|---|
| 作　　　　者 ／ | 吳毓珮 |
| 責 任 編 輯 ／ | 陳冠豪 |
| 版　　　　權 ／ | 吳亭儀、江欣瑜、顏慧儀、游晨瑋 |
| 行 銷 業 務 ／ | 周佑潔、林秀津、林詩富、吳淑華、吳藝佳 |
| 總　編　輯 ／ | 陳美靜 |
| 總　經　理 ／ | 賈俊國 |
| 事業群總經理 ／ | 黃淑貞 |
| 發　行　人 ／ | 何飛鵬 |
| 法 律 顧 問 ／ | 元禾法律事務所　王子文律師 |
| 出　　　　版 ／ | 商周出版 |
| | 台北市南港區昆陽街 16 號 4 樓 |
| | 電話：(02)2500-7008　傳真：(02)2500-7579 |
| | E-mail：bwp.service@cite.com.tw |
| | Blog：http://bwp25007008.pixnet.net/blog |
| 發　　　　行 ／ | 英屬蓋曼群島商家庭傳媒股份有限公司城邦分公司 |
| | 台北市南港區昆陽街 16 號 8 樓 |
| | 書虫客服務專線：(02)2500-7718・(02)2500-7719 |
| | 24 小時傳真服務：(02)2500-1990・(02)2500-1991 |
| | 服務時間：週一至週五 09:30-12:00・13:30-17:00 |
| | 郵撥帳號：19863813　戶名：書虫股份有限公司 |
| | 讀者服務信箱：service@readingclub.com.tw |
| | 歡迎光臨城邦讀書花園　網址：www.cite.com.tw |
| 香 港 發 行 所 ／ | 城邦（香港）出版集團有限公司 |
| | 香港九龍九龍城土瓜灣道 86 號順聯工業大廈 6 樓 A 室 |
| | 電話：(825)2508-6231　傳真：(852)2578-9337 |
| | E-mail：hkcite@biznetvigator.com |
| 馬新發行所 ／ | 城邦（馬新）出版集團【Cite (M) Sdn. Bhd.】 |
| | 41, Jalan Radin Anum, Bandar Baru Sri Petaling, |
| | 57000 Kuala Lumpur, Malaysia. |
| | 電話：(603)9056-3833　傳真：(603)9057-6622 |
| | E-mail: service@cite.my |
| 封 面 設 計 ／ | 兒日設計　　　內文排版 ／ 李偉涵 |
| 印　　　　刷 ／ | 鴻霖印刷傳媒股份有限公司 |
| 經　銷　商 ／ | 聯合發行股份有限公司　電話：(02)2917-8022　傳真：(02) 2911-0053 |
| | 地址：新北市新店區寶橋路 235 巷 6 弄 6 號 2 樓 |

■ 2025 年（民 114 年）9 月初版

Printed in Taiwan

定價／ 460 元（平裝）　 350 元（EPUB）
ISBN：978-626-390-656-3（平裝）
ISBN：978-626-390-655-6（EPUB）

版權所有・翻印必究

城邦讀書花園
www.cite.com.tw